PRISÃO PREVENTIVA
à Luz da Constituição Federal

PRISÃO PREVENTIVA
à Luz da Constituição Federal

Ricardo Martins

Especialista em Direito Penal e Direito
Processual Penal pela PUCSP,
Mestre em Direitos Humanos pela UNIFIEO,
Professor de Direito Processual Penal da
UMC, da UNIP e da UNIFIEO.

Prisão Preventiva à Luz da Constituição Federal

Editora: Bruna Schlindwein Zeni
Produção editorial: Triall Editorial Ltda
Copydesk: Tamiris Prystaj
Revisão: Tania Cotrim
Diagramação: Triall Editorial Ltda.
Capa: Triall Editorial Ltda.

Impresso no Brasil
Printed in Brazil
1ª impressão – 2019

© 2019 Editora dos Editores

Todos os direitos reservados. Nenhuma parte deste livro poderá ser reproduzida, sejam quais forem os meios empregados, sem a permissão, por escrito, das editoras. Aos infratores aplicam-se as sanções previstas nos artigos 102, 104, 106 e 107 da Lei nº 9.610, de 19 de fevereiro de 1998.

ISBN: 978-85-85162-08-5

Editora dos Editores

São Paulo: Rua Marquês de Itu, 408 – sala 104 – Centro. (11) 2538-3117
Rio de Janeiro: Rua Visconde de Pirajá, 547 – sala 1121 – Ipanema.

www.editoradoseditores.com.br

Este livro foi criteriosamente selecionado e aprovado por um Editor científico da área em que se inclui. A Editora dos Editores assume o compromisso de delegar a decisão da publicação de seus livros a professores e formadores de opinião com notório saber em suas respectivas áreas de atuação profissional e acadêmica, sem a interferência de seus controladores e gestores, cujo objetivo é lhe entregar o melhor conteúdo para sua formação e atualização profissional.
Desejamos-lhe uma boa leitura!

Dados Internacionais de Catalogação na Publicação (CIP)
(Câmara Brasileira do Livro, SP, Brasil)

Martins, Ricardo
    Prisão preventiva à luz da constituição federal / Ricardo Martins. -– São Paulo : Editora dos Editores, 2019.
    132 p. : il.

Bibliografia
ISBN 978-85-85162-08-5

1. Prisão preventiva - Brasil 2. Prisão (Direito penal) – Brasil I. Título

19-0254   CDU 343.126

Índices para catálogo sistemático:
CDU 343.126
Angélica Ilacqua CRB-8/7057

*O modo pelo qual em muitos
Estados se prende cautelarmente
um homem assemelha-se muito
a um assalto de bandidos.*

(Voltaire)

Apresentação

Apresento a obra do Prof. Ricardo Martins, fruto de sua dissertação de mestrado, a qual tive a honra de orientar.

A temática deste trabalho refere-se à prisão preventiva e à luz da Constituição Federal, tema atual, relevante e de interesse de todos. Ricardo discorre sobre o assunto com a didática que o consagra no magistério acadêmico, abordando o instituto da prisão preventiva em sua completude ao considerar a evolução histórica da prisão, inicialmente como custódia e posteriormente como pena. Trata também da dignidade da pessoa humana, princípio fundamental da República, realçando igualmente os princípios individuais ligados à privação da liberdade, em especial a presunção de inocência e a duração razoável do processo.

Ao explorar o foco central de sua obra – a prisão preventiva propriamente dita –, o autor apresenta seus pressupostos, requisitos e hipóteses de cabimento, bem como sua duração e possíveis causas revogatórias, e detalha todos os aspectos capitais do instituto dessa modalidade de prisão, sempre com a clareza que lhe é peculiar, sem deixar de mencionar doutrina e jurisprudência pertinentes. Além disso, também relaciona a prisão preventiva com os direitos humanos fundamentais, o que ressalta seu caráter básico de ser uma figura jurídica excepcional e instrumental.

Ricardo acentua a permanência judicial precária do preso provisório, uma vez que o considerando uma pessoa sujeita não apenas a obrigações, mas também a direitos, à luz da legislação processual penal e dos tratados e convenções de direitos humanos. E destaca, ainda, a utilização abusiva de algemas, o que, por ocasião da prisão cautelar, pode expor o preso à execração pública, com afronta aos mais básicos princípios constitucionais, especialmente o da sua dignidade.

Encerrando o trabalho, Ricardo examina a detração penal e a responsabilidade civil do Estado sobre o excesso de prisões preventivas declaradas por autoridades judiciárias, principalmente no que tange à duração razoável do processo e à dignidade da pessoa.

Esta obra reúne todos os atributos que a qualificam como indispensável a todos os estudiosos das ciências processuais penais, uma vez que todos os assuntos são efetivamente abordados com clareza exemplar, alicerçados em sólidos ensinamentos doutrinários e em decisões dos tribunais superiores estaduais e federais.

Ivan Martins Motta
Doutor em Direito Penal pela PUC-SP
Professor de Direito Penal na USJT
Membro do IBCCRIM

Prefácio

Esta obra do Prof. Ricardo Martins, digníssimo advogado criminal e professor universitário, elucida, em linguagem direta e objetiva, temas complexos da ciência processual penal, ensinando com clareza as lições apresentadas. Analisa por inteiro a prisão preventiva e apresenta uma visão instrumental da prisão, sendo sua leitura indicada para não apenas para operadores do direito, mas também para estudantes da área.

O autor, que tem vasta experiência no magistério superior, ensina com segurança e proveito, abordando assertivamente os princípios constitucionais fundamentais. De modo minucioso e didático, analisa também a prisão preventiva sob o prisma do chamado *modelo garantista*, a respeito do qual bem dissertou Antonio Scarance Fernandes:

> Na evolução do relacionamento indivíduo-Estado, houve necessidade de normas que garantissem os direitos fundamentais do ser humano contra o forte poder estatal intervencionista. Para isso, os países inseriram em suas Constituições regras de cunho garantista, que impõem ao Estado e à própria sociedade o respeito aos direitos individuais, tendo o Brasil, segundo José Afonso da Silva, sido o primeiro país a introduzir em seu texto normas desse teor.[1]

E é nessa linha constitucional que o Prof. Ricardo Martins aborda temas como a antecipação de pena na própria prisão preventiva, entre outros que merecem destaque, incluindo um estudo sobre a responsabilidade civil do Estado na decretação dessa modalidade de prisão.

Este trabalho se destaca não apenas pela linguagem didática com que foi elaborado, mas também pela seleção de temas imprescindí-

---

[1] FERNANDES, Antonio Scarance. Processo penal constitucional. São Paulo: Revista dos Tribunais, 2003. p. 11.

veis, o que incentiva o leitor ao domínio completo do assunto. Na formação e no aprimoramento de qualquer profissional, é preciso antes compreender para depois ser compreendido, e, por meio desta obra, aluno e operador do direito poderão compreender com facilidade o árduo tema abordado, aumentando indubitavelmente seus conhecimentos.

E é por isso que o mercado livreiro deve receber com distinção esta obra, tão imprescindível ao estudo do direito processual penal.

Válter Kenji Ishida
Promotor de Justiça designado na
Procuradoria de Justiça de Habeas Corpus
Professor Universitário

Sumário

Introdução XV

1. Direito à Liberdade de Locomoção e Princípios Constitucionais
Fundamentais 1

    1.1 Direito à liberdade de locomoção 1

    1.2 Princípio da dignidade da pessoa humana 2

    1.3 Princípio da presunção de inocência 5

    1.4 Princípio da duração razoável do processo 10

    1.5 Princípio da individualização da pena 15

    1.6 Princípio da segurança jurídica 16

    1.7 Princípio da proporcionalidade 18

2. Da Pena Privativa de Liberdade 21

    2.1 Teoria geral da pena 21

    2.2 Origem da pena privativa de liberdade 26

    2.3 Sistemas penitenciários 29

    2.4 Regimes prisionais 34

3. Prisão Preventiva 37

    3.1 Conceito 37

    3.2 Pressupostos 41

3.3	Circunstâncias autorizadoras	43
	3.3.1 Garantia da ordem pública	43
	3.3.2 Garantia da ordem econômica	46
	3.3.3 Conveniência da instrução criminal	47
	3.3.4 Garantia da futura aplicação da lei penal	49
3.4	Requisitos	50
3.5	Modalidades	52
	3.5.1 Prisão preventiva autônoma	52
	3.5.2 Prisão preventiva convertida	53
	3.5.3 Prisão preventiva substitutiva	53
3.6	Duração	54
3.7	Mandado de prisão	55
3.8	Prisão preventiva de caráter especial	57
	3.8.1 Prisão preventiva domiciliar	57
	3.8.2 Prisão especial	60
	3.8.3 Prisão preventiva em sala de Estado-Maior	62
3.9	Medidas cautelares substitutivas da prisão preventiva	65
	3.9.1 Comparecimento periódico em juízo (inciso I)	67
	3.9.2 Proibição de acesso ou frequência a determinados lugares (inciso II)	67
	3.9.3 Proibição de contato com pessoa determinada (inciso III)	67
	3.9.4 Proibição de ausentar-se da comarca (inciso IV)	67
	3.9.5 Recolhimento domiciliar no período noturno (inciso V)	68
	3.9.6 Suspensão do exercício de função ou atividade (inciso VI)	68
	3.9.7 Internação provisória (inciso VII)	68
	3.9.8 Fiança (inciso VIII)	68
	3.9.9 Monitoramento eletrônico (inciso IX)	70
3.10	Revogação	70

4. Da Audiência de Custódia 73

5. Dos Direitos do Preso Provisório 77

    5.1 Direitos do preso provisório e Lei de Execução Penal 77

    5.2 Da detração penal 79

    5.3 Utilização de algemas 82

6. Função da Prisão Preventiva à Luz da Constituição Federal 89

    Referências Bibliográficas 105

Introdução

Esta obra apresenta o instituto da prisão preventiva existente no ordenamento jurídico nacional à luz da Constituição Federal e dos mais diversos tratados e convenções internacionais de direitos humanos relacionados com o assunto.

Inicialmente, aborda a evolução histórica da privação da liberdade no ordenamento jurídico nacional e internacional, com destaque à sua recente utilização como pena, tendo em vista que, no XVII para o século XVIII, essa medida era utilizada muito mais como custódia para garantir um efetivo julgamento do que como forma de punição.

Para complementar este trabalho, a partir de uma breve apresentação da teoria geral da pena, elucidou-se a diferença entre pena e prisão preventiva, indicando quando esta deverá ser aplicada em regime fechado, semiaberto ou aberto. E, a fim de facilitar da compreensão do tema central, foi demonstrada a evolução histórica do sistema penitenciário mundial até os dias atuais, passando pelos sistemas pensilvânico, auburniano e progressivo.

De maneira sucinta, mas primordial, a obra traz uma visão geral dos princípios fundamentais diretamente ligados à privação da liberdade, como o da dignidade humana, o da presunção de inocência e o da duração razoável do processo. Além disso, abrange o conceito de prisão preventiva, seus pressupostos, requisitos e hipóteses de cabimento, bem como sua duração e possibilidade de revogação.

Em capítulo específico, aborda-se a função da prisão preventiva à luz da Constituição Federal, que é o tema central do livro, enfatizando seu caráter instrumental e excepcional diante das regras estabelecidas pela Constituição Federal. Ressalta-se que, embora o preso provisório permaneça em situação judicial precária durante a prisão provisória, ele já é sujeito de direitos e obrigações, conforme regras estabelecidas pelo Código de Processo Penal, pela Legislação Penal e Processual Penal Especial e por diversos tratados e convenções de direitos humanos.

Cuidaremos também sobre a utilização excepcional de algemas, destacando seus reflexos na liberdade do indivíduo à luz dos direitos fundamentais.

Por fim, são discutidas questões sobre detração penal e responsabilidade civil do Estado por eventuais abusos na utilização da prisão preventiva por parte das autoridades judiciárias, principalmente no tange ao desrespeito aos princípios de duração razoável do processo e dignidade da pessoa humana.

Não há, neste livro, a pretensão de esgotar o complexo assunto em questão, que é a privação da liberdade de alguém antes do trânsito em julgado de sentença penal condenatória; pelo contrário, diante dos acalorados debates que ocorrem diariamente no Poder Judiciário, a intenção é aguçar ainda mais o interesse pelo tema.

1

Direito à Liberdade de Locomoção e Princípios Constitucionais Fundamentais

1.1 Direito à liberdade de locomoção

O ser humano, por natureza, é livre; portanto, qualquer forma de privação de sua liberdade de locomoção configura um instituto antinatural.

O direito de locomoção se trata da resistência contra o Estado em defesa do direito de ir, vir, ficar ou permanecer, isto é, consiste no direito à liberdade em sentido estrito, uma prerrogativa de não ser preso de forma arbitrária.

Quanto à liberdade, comenta o jurista Robert Alexy:

> O conceito de liberdade é, ao mesmo tempo, um dos conceitos práticos mais fundamentais e menos claros. Seu âmbito de aplicação parece ser quase ilimitado. Quase tudo aquilo que, a partir de algum ponto de vista, é considerado como bom ou desejável é associado ao conceito de liberdade.[1]

Diante da importância da liberdade, estabelece o art. 5º, inciso XV, da Carta Maior que é livre a liberdade de locomoção no território nacional em tempos de paz, podendo qualquer pessoa, nos termos da lei, nele entrar e permanecer ou dele sair com seus bens. E os incisos LIV e LV estabelecem que ninguém será privado de sua liberdade sem o devido processo legal, no qual seja assegurado o direito ao contraditório e à ampla defesa.

---

[1] ALEXY, Robert. *Teoria dos direitos fundamentais*. Tradução de Virgílio Afonso da Silva. 2. ed. São Paulo: Malheiros, 2001. p. 218.

A Constituição Federal de 1988 procura tutelar ao máximo o direito à liberdade, cercando os cidadãos brasileiros de diversas garantias para que esse direito seja efetivado. Em algumas situações, porém, a privação da liberdade é mal necessário, visto que todos também têm o direito constitucional à segurança. Assim, a própria constituição prevê duas hipóteses em que o direito da liberdade pode ser cerceado: a prisão em flagrante e a determinada por ordem judicial (art. 5º, inciso LXI), ficando vedada a chamada "prisão para averiguação", por ausência de previsão constitucional e infraconstitucional.

Sobre essa questão, comenta o jurista José Afonso da Silva:

> A *liberdade de locomoção* no território nacional em tempo de paz contém o direito de *ir e vir* (viajar e migrar) e *de ficar* e de permanecer, sem necessidade de autorização. Significa que "podem todos locomover-se livremente nas ruas, nas praças, nos lugares públicos, sem temor de serem privados de sua liberdade de locomoção", dizia Sampaio Dória no regime da Constituição de 1946. Temos aí a noção essencial da liberdade de locomoção: poder que todos têm de coordenar e dirigir suas atividades e de dispor de seu tempo, como bem lhes parecer, em princípio, cumprindo-lhes, entretanto, respeitar as medidas impostas pela lei, no interesse comum, e abster-se de atos lesivos dos direitos de outrem.[2]

Nesse sentido, no Brasil, a liberdade de locomoção é a regra, e a prisão é a exceção, podendo ser cerceada apenas nos casos expressamente previstos em lei, respeitando sempre os princípios constitucionais de dignidade humana, presunção de inocência, duração razoável do processo e individualização pena.

1.2 Princípio da dignidade da pessoa humana

Direitos humanos e direitos fundamentais são frequentemente utilizados como sinônimos. Contudo, os primeiros existem independentemente de estarem positivados, e os segundos somente se estiverem devidamente inseridos no texto constitucional ou na legislação infraconstitucional.

Nesse sentido, leciona o jurista português J. J. Gomes Canotilho:

---

[2] SILVA, José Afonso da. *Direito constitucional positivo*. 41. ed. São Paulo: Malheiros, 2018. p. 241.

As expressões "direitos do homem" e "direitos fundamentais" são frequentemente utilizadas como sinônimas. Segundo a sua origem e significado poderíamos distingui-las da seguinte maneira: direitos do homem são direitos válidos para todos os povos e em todos os tempos (dimensão jusnaturalista-universalista); direitos fundamentais são os direitos do homem, jurídico-institucionalmente garantidos e limitados espacio-temporalmente. Os direitos do homem arrancariam da própria natureza humana e daí o seu carácter inviolável, intemporal e universal; os direitos objecctivamente vigentes numa ordem jurídica concreta.[3]

Atualmente, especialistas em Direito Constitucional entendem inexistir hierarquia entre os direitos fundamentais. Ainda assim, entretanto, em razão da importância do princípio da dignidade humana, doutrinadores elegem esse princípio como um dos basilares de qualquer estado democrático de direito, visto que somente poderá ser relativizado em situações excepcionais.

A Declaração Universal dos Direitos Humanos, em seu art. 1º, destaca o princípio da dignidade da pessoa humana como um dos alicerces de qualquer sociedade democraticamente organizada:

> Art. 1º Todas as pessoas nascem livres e iguais em dignidade e direitos. São dotadas de razão e consciência e devem agir em relação umas às outras com espírito de fraternidade.

A dignidade da pessoa humana é tão importante para o legislador constituinte originário, que foi incluída também no art. 1º do texto constitucional:

> Art. 1º A República Federativa do Brasil, formada pela união indissolúvel dos Estados e Municípios e do Distrito Federal, constitui-se em Estado Democrático de Direito e tem como fundamentos:
> [...]
> III – a dignidade da pessoa humana;

Mais especificamente no que se refere aos direitos penal e processual Penal, para dar efetividade ao princípio constitucional da dignidade da pessoa humana, este foi inserido via reflexa nos incisos XLVII, alíneas *a, b, c, d* e *e*, e XLIV do art. 5º da Constituição Federal, justamente a fim de tutelá-lo.

---

[3] CANOTILHO, José Joaquim Gomes. *Direito Constitucional.* 7. ed. Coimbra: Almedina, 2000. p. 393.

XLVII – não haverá penas:

a) de morte, salvo em caso de guerra declarada, nos termos do art. 84, XIX;

b) de caráter perpétuo;

c) de trabalhos forçados;

d) de banimento;

e) cruéis;

[...]

XLIX – é assegurado aos presos o respeito à integridade física e moral.

Os referidos textos constitucionais têm o objetivo de evitar que sejam cometidos abusos por parte de representantes do poder estatal, o que já acontece na sociedade.

No que se refere à efetivação do princípio da dignidade da pessoa humana no Direito Penal e no Direito Processual Penal, os tribunais se posicionam da seguinte maneira:

> PROCESSO PENAL – PRISÃO CAUTELAR – EXCESSO DE PRAZO – INADMISSIBILIDADE – OFENSA AO POSTULADO CONSTITU-CIONAL DA DIGNIDADE DA PESSOA HUMANA (CF, ART. 1º, III) – TRANSGRESSÃO À GARANTIA DO DEVIDO PROCESSO LEGAL (CF, ART. 5º, LIV) – "HABEAS CORPUS" CONHECIDO EM PARTE E, NESSA PARTE, DEFERIDO. O EXCESSO DE PRAZO, MESMO TRATANDO-SE DE DELITO HEDIONDO (OU A ESTE EQUIPARA-DO), NÃO PODE SER TOLERADO, IMPONDO-SE, AO PODER JU-DICIÁRIO, EM OBSÉQUIO AOS PRINCÍPIOS CONSAGRADOS NA CONSTITUIÇÃO DA REPÚBLICA, O IMEDIATO RELAXAMENTO DA PRISÃO CAUTELAR DO INDICIADO OU DO RÉU (Processo: HC 85237 DF Relator(a): CELSO DE MELLO Julgamento: 16/03/2005 Órgão Julgador: Tribunal Pleno Publicação: DJ 29-04-2005 PP-00008 EMENT VOL-02189-03 PP-00425 LEXSTF v. 27, n. 319, 2005, p. 486-508 RTJ VOL-00195-01 PP-00212 Parte(s): RICARDO PEIXOTO DE CASTRO ATAÍDE JORGE DE OLIVEIRA PRESIDENTE DO SUPERIOR TRIBUNAL DE JUSTIÇA).

A efetivação do princípio da dignidade da pessoa humana na legislação nacional é importante porque justamente como forma reflexa dos diversos abusos havidos durante o árduo período de ditadura militar.

Nota-se que a Constituição Federal de 1988, em diversos dispositivos, deixou claro que a dignidade da pessoa humana é um de seus ideais, principalmente no que se refere à aplicação de penas e à privação da liberdade.

Embora muitos acreditem que é impossível aplicar conjuntamente o Direito Penal e o princípio da dignidade humana, isso é perfeitamente viável, uma vez que o ordenamento jurídico não tutela a impunidade, mas a aplicação de uma pena justa nos ditames da lei.

Analisando-se, mesmo que superficialmente, a história do Direito Penal, é possível observar que as penas cruéis e corporais já foram superadas e que quando e onde foram aplicadas contribuíram muito pouco para a diminuição da criminalidade.

A pena hoje tem a finalidade de reeducar e reinserir o condenado na sociedade, por mais árdua que seja essa tarefa. Isso não significa, porém, que o Direito Penal tem caráter assistencial, mesmo porque uma de suas finalidades é punir o delinquente, servindo de exemplo para que outras pessoas não venham a cometer novos crimes.

O Estado deve tomar muito cuidado ao aplicar a lei penal e processual penal para não se equiparar ao próprio criminoso em determinadas situações. O princípio da dignidade humana é um dos mais importantes de qualquer ordenamento jurídico, mas precisa de todo um aparato jurídico para ser aplicado, sob pena de tornar-se letra morta no texto constitucional, o que muitas vezes já acontece.

O princípio da dignidade humana deve ser aplicado independentemente de raça, credo, cor e condição social, isto é, sem distinção de qualquer natureza, uma vez que seres humanos não são classificados em espécies.

Pode ser que a dignidade humana nunca seja alcançada em sua totalidade, principalmente quando se trata do encarceramento de alguém, mas, ainda assim, é um fim a ser buscado.

1.3 Princípio da presunção de inocência

O art. 5º, inciso LVII, da Constituição Federal estabelece que: "ninguém será considerado culpado até o trânsito em julgado da sentença penal condenatória" – daí surge o princípio constitucional da presunção de inocência ou da não culpabilidade.

Nesse sentido, leciona o constitucionalista Alexandre de Moraes:

> A Constituição Federal estabelece que ninguém será considerado culpado até o trânsito em julgado da sentença penal condenatória, consagrando a presunção de inocência, um dos princípios basilares do Estado de Direito como garantia processual penal, visando à tutela da liberdade pessoal.[4]

A Carta Magna não declara que eventual acusado é inocente, mas apenas que ninguém será considerado culpado até que se prove o contrário. Por isso, no processo penal pátrio, o ônus da prova cabe ao órgão acusador, que é o titular da ação penal nos termos do art. 129, inciso I, da Constituição Federal, devendo ele provar que o acusado é culpado, e não este provar sua inocência.

Isso significa que o estado penal de culpado de qualquer acusado somente será reconhecido após o trânsito em julgado da sentença penal condenatória. Esse princípio é expresso na legislação infraconstitucional em diversos dispositivos legais e principalmente no art. 156 do Código de Processo Penal brasileiro, que estabelece que a prova da alegação cabe a quem a fizer.

Diante do ônus probatório do *parquet*, o acusado tem o direito inclusive de permanecer calado, se assim considerar adequado. No processo penal brasileiro, o antigo ditado "quem cala consente" não é válido, continuando ao órgão acusador a carga de provar sua alegação. Em sede de audiência, inclusive, o interrogador tem a obrigação de informar ao acusado seu direito constitucional de permanecer calado, sob pena de anulação de eventual prova colhida irregularmente.

Assim, o direito da não autoincriminação é um direito público subjetivo do acusado que não pode ser afastado, pois representaria afronta direita ao texto constitucional vigente.

Por ter o direito de permanecer em silêncio, entende-se que o acusado não é obrigado a produzir nenhuma prova contra si mesmo,

---

[4] MORAES, Alexandre de. *Direito Constitucional*. 34. ed. São Paulo: Atlas, 2018. p. 118.

podendo inclusive mentir quando for interrogado, conforme entendimento jurisprudencial apresentado a seguir:

> PENAL E PROCESSO PENAL – HABEAS CORPUS. FALSIDADE IDEOLÓGICA. ART. 307 DO CP. ACUSADO QUE DECLARA NOME E IDADE FALSOS PERANTE A AUTORIDADE POLICIAL E O MINISTÉRIO PÚBLICO. ATIPICIDADE. EXERCÍCIO DE AUTODEFESA. DIREITO AO SILÊNCIO. É atípica a conduta do acusado que, ao ser preso em flagrante, declara, perante a autoridade policial, e após, ao Ministério Público, nome e idade falsos, haja vista a natureza de autodefesa da conduta, garantida constitucionalmente, consubstanciada no direito ao silêncio. Ordem concedida.[5] (STJ – 6ª T.; HC nº 35.309-RJ; Rel. Min. Paulo Medina; j. 6/10/2005; v.u.).

Assim, sendo iniciada eventual ação penal e não conseguindo o órgão acusador provar a responsabilidade do acusado pela prática criminosa, deverá a demanda ser julgada improcedente e o acusado ser absolvido por ausência de provas, conforme estabelecem incisos previstos no art. 386 do Código de Processo Penal.

O princípio da presunção de inocência está previsto inclusive em diversas normas internacionais, como no Pacto de San José da Costa Rica, aprovado pelo Decreto n. 678, de 6 de novembro de 1992, que reza:

> Art. 8º Garantias judiciais
>
> [...]
>
> 2. Toda pessoa acusada de um delito tem direito a que se presuma sua inocência, enquanto não for legalmente comprovada sua culpa. Durante o processo, toda pessoa tem direito, em plena igualdade, às seguintes garantias mínimas:

No mesmo sentido, expressa o art. 14, inciso 2, do Pacto de Direitos Civis e Políticos, aprovado pelo Decreto n. 592, de 6 de julho de 1992:

> 2. Toda pessoa acusada de um delito terá direito a que se presuma sua inocência enquanto não for legalmente comprovada sua culpa.

Analisando o texto constitucional, a legislação infraconstitucional e as normas internacionais, verifica-se que, antes do trânsito em julgado da sentença penal condenatória, o acusado não pode ser tratado

---

[5] Boletim da Associação dos Advogados de São Paulo (BAASP). 2.461/3818-j, de 06/03/2006.

como culpado, prevalecendo o princípio da não culpabilidade. Esse princípio deve ser considerado como regra em no ordenamento jurídico brasileiro, admitindo-se a privação da liberdade antes do trânsito em julgado da sentença penal apenas nas hipóteses expressa e claramente previstas em lei, conforme entendimento jurisprudencial:

> LIBERDADE PROVISÓRIA. Vigindo entre nós o princípio da presunção de inocência, não é o paciente, preso em flagrante delito ou preventivamente, quem deve provar que é primário e tem bons antecedentes. O ônus desta prova incumbe a acusação. Podendo a prisão preventiva ser decretada a qualquer tempo, conforme o artigo 316 do CPP, a liberdade provisória não pode ser condicional e a sua concessão relativa se constitui em constrangimento ilegal.[6] (TJSP-1ª Câm.; HC nº 150.770-3/4-São Paulo; rel. Des. Fortes Barbosa; j. 30.08.1993; v.u.)

> PROCESSO PENAL – INSUFICIÊNCIA PROBATÓRIA. Narrativas contraditórias dos sujeitos do delito, sem apoio em outro dado probante, prejudicam a formação do convencimento do juiz. Operação que se traduz na pesquisa da instrução criminal, que visa buscar o conhecimento do fato-crime investigado, das suas circunstâncias, e que vai servir de fundamento à decisão judicial. Quando nada houver nos autos a indicar que esta ou aquela versão deva ser acolhida, ocasionando uma situação probatória duvidosa e hesitante, a imposição da condenação é temerária, prevalecendo, nessa hipótese, o entendimento de que deve nortear o julgamento a interpretação da prova sob o princípio do "in dubio pro reo".[7] (TACRIM – 10ª Câm.; AP – Reclusão nº 1.286.861/9-Americana-SP; Rel. Juiz Márcio Bártoli; j. 5/12/2001; v.u.). BAASP, 2262/543-e, de 6.5.2002.

A aplicação de qualquer tipo de sanção antecipada ao preso provisório que aguarda julgamento constitui notória violação de seus direitos e garantias fundamentais. Todavia, apesar da existência desse princípio constitucional, legislador infraconstitucional pode estabelecer benefícios para o acusado que eventualmente confessar a prática delitiva, como ocorre no art. 65, inciso II, alínea *d*, do Código Penal brasileiro e em diversos dispositivos previstos na legislação penal e processual penal especial que regulamentam a delação premiada.

---

[6] Boletim da Associação dos Advogados de São Paulo (BAASP). 1.821/481-j, de 17/11/1993.
[7] Boletim da Associação dos Advogados de São Paulo (BAASP). 2.262/543-e, de 06/05/2002.

A presunção de inocência é um dos princípios fundamentais de qualquer estado democraticamente organizado e materializa-se no processo penal a partir de outro princípio, o do *in dubio pro reo* ou *favor rei*, nos quais, em caso de dúvida sobre a coleta de provas, o julgador deverá decidir em favor do acusado.

Nesse sentido, segue a jurisprudência dos tribunais brasileiros:

> PROVA – INSUFICIÊNCIA PARA O VEREDICTO PROBATÓRIO – ROUBO. Para a condenação do réu a prova há de ser plena e convincente, ao passo que para a absolvição basta a dúvida, consagrando-se o princípio do "in dubio pro reo", contido no artigo 386, VI, do Código de Processo Penal. Absolvição por inexistência de prova suficiente para a condenação. Recurso provido. (TACRIM – 6ª Câm.; Ap. nº 1.136.569-9-SP; Rel. Juiz Penteado Navarro; j. 12.05.1999; v.u.).[8]

> ESTELIONATO PRATICADO CONTRA A PREVIDÊNCIA SOCIAL – ABSOLVIÇÃO – INTERPOSIÇÃO DE APELAÇÃO PELA JUSTIÇA PÚBLICA – FRAGILIDADE PROBATÓRIA – ABSOLVIÇÃO QUE SE IMPUNHA E QUE MERECE SER MANTIDA – APELO DESPROVIDO.

> 1. Não havendo provas cabais e peremptórias, produzidas no processo, da autoria do crime, é de rigor a manutenção da absolvição dos apelados, em observância ao princípio "in dubio pro reo", consagrado em nosso ordenamento jurídico.

> 2. As provas produzidas no inquérito policial destinam-se a formar a "opinio delicti" do acusador e fornecer, ao julgador, elementos de convicção acerca da existência de justa causa para o recebimento da denúncia. Uma vez recebida esta, aquele não fica isento de comprovar a acusação, sob o crivo do contraditório e da ampla defesa, cuja observância inexiste na fase pré-processual.

> 3. Apelação a que se nega provimento. (TRF – 3ª Região – 1ª T.; Ap. Criminal nº 98.03.082836-3-SP; Rel. Juiz Casem Mazloum; j. 25/5/1999; v.u.; ementa.)[9]

Ao analisar o princípio da presunção de inocência, verifica-se que este foi criado justamente para evitar arbitrariedades por parte do Estado contra os cidadãos, conforme leciona o jurista Maurício Zanoide de Moraes:

---

[8] Boletim da Associação dos Advogados de São Paulo (BAASP). 2.133/1199-j, de 15/11/1999.
[9] Boletim da Associação dos Advogados de São Paulo (BAASP). 2.175/306-e, de 04/09/2000; 2.190/344-e, de 18/12/2000.

A comunidade internacional percebeu que para se evitar o surgimento de Estados totalitários, deve evitar que as legislações internas desrespeitem os indivíduos e, por meio do sistema criminal, perpetuem perseguições políticas e violações a direitos essenciais aos cidadãos. Pequenas ditaduras nascem, no mais das vezes, com falsos argumentos de maior controle do "mal" interno (crescimento da violência, em regra), caminham e crescem pelos abusos e perseguições a seus opositores e "inimigos" (políticos, econômicos, sociais ou raciais) e, após soberanas em suas republiquetas", lançam-se à guerra, sempre sob o pretexto de proteção contra os "inimigos" internacionais que querem atacar "sua paz" ou prejudicar o "bem estar" "conseguindo" pelos seus cidadãos.[10]

Conclui-se, então, que o princípio *in dubio pro reo* é decorrente do princípio da presunção de inocência, o qual estabelece que, no processo penal, havendo dúvidas sobre a autoria e materialidade da prática de determinado crime, decide-se em favor do acusado. Deve-se ressaltar, contudo, que a dúvida existente a respeito da autoria de um delito não está nas provas até então produzidas, mas na própria mente daquele que as analisa, sendo assim, a dúvida não é a causa/motivo de se absolver o réu, mas, ao contrário, é a falta de elementos de convicção que demonstrem ligação do acusado com o fato delituoso que geram no julgador, a dúvida acerca do *nexum* entre materialidade e autoria.

1.4 Princípio da duração razoável do processo

Depois de 17 anos de vigência da atual Constituição, o legislador brasileiro inseriu o inciso LXXVIII no art. 5º de seu texto, instituindo o princípio da duração razoável do processo, que estabelece:

> LXXVIII: a todos, no âmbito judicial e administrativo, são assegurados a razoável duração do processo e os meios que garantam a celeridade de sua tramitação.

A prestação jurisdicional dentro de prazo razoável é uma obrigação para qualquer sociedade civilizada que queira resolver seus conflitos por meio da repartição de poderes.

---

[10] ZANOIDE, Mauricio de Moraes. *Presunção de inocência*. Rio de Janeiro: Lumen Juris, 2010. p. 176-177.

O texto constitucional exige uma prestação jurisdicional mais célere por parte do Poder Judiciário, visto que a morosidade é uma das principais críticas feitas contra o serviço público, chegando ao ponto de afrontar outro direito fundamental previsto no art. 5º, inciso XXXV:

O texto constitucional exige uma prestação jurisdicional mais célere por parte do Poder Judiciário, visto que a morosidade é uma das principais criticas contra o serviço público.

O desrespeito ao princípio da duração razoável do processo é uma clara violação ao princípio constitucional do devido processo legal, pois retarda a prestação jurisdicional e desatende o estabelecido pelo processo penal contemporâneo.

O texto constitucional também reforça o estabelecido no art. 8º, item 1, da Convenção Americana de Direitos Humanos (Pacto de San José da Costa Rica), que reza:

> 1. Toda pessoa tem direito a ser ouvida, com as devidas garantias e dentro de um prazo razoável, por um juiz ou tribunal competente, independente e imparcial, estabelecido anteriormente por lei, na apuração de qualquer acusação penal formulada contra ela, ou para que se determinem seus direitos e obrigações de natureza civil, trabalhista, fiscal ou de qualquer acusação penal formulada contra ela, ou para que se determinem seus direitos e obrigações de natureza civil, trabalhista, fiscal ou de qualquer outra natureza.

A emenda constitucional n. 45/2004 incorpora ao processo penal brasileiro a ideia de que um processo penal justo é aquele julgado também dentro de um prazo razoável, forçando o Poder Judiciário a diminuir a morosidade de sua prestação jurisdicional e fazendo com que outros órgãos administrativos acelerem o julgamento de seus processos, já que a demora nesse sentido assola há vários anos o erário brasileiro.

O filósofo italiano Cesare Beccaria, no século XVIII, já se preocupava com a morosidade do julgamento dos processos:

> Quando o delito é constatado e as provas são certas, é justo conceder ao acusado o tempo e os meios de justificar-se, se lhe for possível; é preciso, porém, que esse tempo seja bem curto para não retardar demais o castigo que deve seguir de perto o crime, se se quiser que esse castigo seja um freio útil contra os celerados.

[...]

Quanto mais pronta for a aplicação da pena e mais de perto seguir o delito, tanto mais justa e útil ela será. Mais justa, porque poupará ao acusado os cruéis tormentos da incerteza, tormentos supérfluos, cujo horror aumenta para ele na razão da força de imaginação e do sentimento de fraqueza.[11]

A jurisprudência pátria, por meio da aplicação do princípio da duração razoável do processo, também visa a sanar o problema da morosidade do Poder Judiciário:

VIOLAÇÃO À GARANTIA DA DURAÇÃO RAZOÁVEL DO PROCESSO – PROCESSUAL PENAL – HABEAS CORPUS – TRÁFICO DE ENTORPECENTES – 1. AUSÊNCIA DE CITAÇÃO DA PACIENTE PARA APRESENTAR DEFESA PRÉVIA ANTES DO RECEBIMENTO DA DENÚNCIA – DESRESPEITO AO ART. 38 DA LEI Nº 10.409/2002 – NULIDADE – OCORRÊNCIA – 2. EXCESSO DE PRAZO – RÉ PRESA – QUASE DOIS ANOS SEM SENTENÇA – VIOLAÇÃO DO ART. 5º, INCISO LXXVIII DA CONSTITUIÇÃO FEDERAL – JUSTIFICATIVA PARA A DEMORA – INEXISTÊNCIA – 3. ORDEM CONCEDIDA.

1 – A não observância do rito instituído pela Lei nº 10.409/2002, art. 38, acarreta a nulidade do Processo Penal desde o recebimento da denúncia.

2 – A prisão por quase dois anos sem a prolação de sentença penal, ausente qualquer justificativa para a demora, configura violação ao art. 5º, inciso LXXVIII, da Constituição Federal, impondo-se imediata soltura da paciente.

3 – Ordem concedida para anular o Processo desde o recebimento da Denúncia, dando-se a oportunidade à paciente para a apresentação de defesa prévia, e expedindo-se alvará de soltura se por outro motivo não estiver presa.[12] (STJ – 6ª T.; HC nº 57.620-SP; Rel. Min. Maria Thereza de Assis Moura; j. 28/8/2007; v.u.)

EXCESSO DE PRAZO DA PRISÃO PROCESSUAL – HABEAS CORPUS – PROCESSO PENAL – DURAÇÃO RAZOÁVEL DO PROCESSO – EXCESSO DE PRAZO NÃO JUSTIFICADO. Réu pronunciado há mais de um ano e preso desde 3/3/2005, sem que tenha sido submetido a julgamento. A alegação de que faltam provas técnicas devidas por órgão oficial, que deveriam ser providenciadas pela defesa, não

---

[11] BECCARIA, Cesare. *Dos delitos e das penas*. Tradução de Paulo M. Oliveira. 2. ed. São Paulo: Edipro, 2011. p. 53, 73.

[12] Boletim da Associação dos Advogados de São Paulo (BAASP). 2.553/1450-e, de 10/12/2007.

merece acolhida, pois que se trata de providência a cargo do Juízo. Significativo tempo morto processual causador da ilegalidade da prisão. Ordem concedida.[13]

Todavia, a duração razoável do processo não deve ser confundida com a celeridade processual exacerbada. Isso quer dizer que o processo deve ter um prazo razoável, mas não pode se sobrepor a outros direitos e garantias fundamentais previstos pelo legislador constituinte originário.

Para dar efetividade ao princípio da duração razoável do processo, na mesma emenda constitucional foi alterado o art. 93, inciso XII, da Constituição Federal, que retirou do Poder Judiciário as férias forenses, fazendo com que a prestação jurisdicional se tornasse contínua e ininterrupta nos juízos singulares e nas instâncias superiores.

> XII – a atividade jurisdicional será ininterrupta, sendo vedadas férias coletivas nos juízos e tribunais de segundo grau, funcionando, nos dias em que não houver expediente forense normal, juízes em plantão permanente.

Importante providência trazida pela Emenda Constitucional n. 45/2004 foi a possibilidade de delegação aos servidores do Judiciário a competência para produção de atos de mero expediente, sem caráter decisório, que tomavam grande parte do tempo dos magistrados. Além disso, outra inovação trazida por essa alteração constitucional foi a criação da Súmula Vinculante, que é uma clara influência do direito anglo-saxão no Brasil (*Common law*).

Dessa maneira, não se admite que o acusado em processo-crime ou em qualquer outro processo arque com a lentidão da prestação jurisdicional, sob pena de clara violação ao seu princípio constitucional da duração razoável do processo, bem como da dignidade da pessoa humana, entre outros que venham a ser atingidos por via reflexa.

Um claro exemplo de efetivação do princípio da duração razoável do processo é a estipulação de prazo para encerramento dos procedimentos processuais penais pelo Código de Processo Penal:

---

[13] Tribunal de Justiça do Rio de Janeiro. 1ª Câm. Criminal; HC nº 2006.059.06436-Niterói-RJ; Rel. Des. Geraldo Prado; j. 28/11/2006; m.v.

Art. 531. Na audiência de instrução e julgamento, a ser realizada no prazo máximo de 30 (trinta) dias, proceder-se-á à tomada de declarações do ofendido, se possível, à inquirição das testemunhas arroladas pela acusação e pela defesa, nesta ordem, ressalvado o disposto no art. 222 deste Código, bem como aos esclarecimentos dos peritos, às acareações e ao reconhecimento de pessoas e coisas, interrogando-se, em seguida, o acusado e procedendo-se, finalmente, ao debate.

Art. 400. Na audiência de instrução e julgamento, a ser realizada no prazo máximo de 60 (sessenta) dias, proceder-se-á à tomada de declarações do ofendido, à inquirição das testemunhas arroladas pela acusação e pela defesa, nesta ordem, ressalvado o disposto no art. 222 deste Código, bem como aos esclarecimentos dos peritos, às acareações e ao reconhecimento de pessoas e coisas, interrogando-se, em seguida, o acusado.

Art. 412. O procedimento será concluído no prazo máximo de 90 (noventa) dias.

Art. 56. Recebida a denúncia, o juiz designará dia e hora para a audiência de instrução e julgamento, ordenará a citação pessoal do acusado, a intimação do Ministério Público, do assistente, se for o caso, e requisitará os laudos periciais.

[...]

§ 2º A audiência a que se refere o caput deste artigo será realizada dentro dos 30 (trinta) dias seguintes ao recebimento da denúncia, salvo se determinada a realização de avaliação para atestar dependência de drogas, quando se realizará em 90 (noventa) dias.

Todavia, a aplicação do princípio da duração razoável do processo não se limita apenas à primeira instância, devendo ser praticada também nas instâncias superiores, uma vez que a demora no julgamento de recursos traz graves prejuízos ao acusado, o qual muitas vezes aguarda a resposta jurisdicional recursal privado de sua liberdade.

Em razão disto, o Conselho Nacional de Justiça (CNJ) tem imposto metas aos tribunais estaduais e federais, inclusive estabelecendo sanções administrativas aos julgadores, a fim de acelerar o julgamento dos recursos. Isso tem surtido efeito muito positivo, a ponto de alguns recursos serem julgados antes de 1 ano. Não se exige do Poder Público uma prestação jurisdicional imediata, mas aquela que atenda a um justo processo legal dentro da razoabilidade.

No entanto, de nada adianta a inclusão ou alteração de alguns incisos na Constituição Federal se o Estado não equipar o Poder Judiciário com tecnologia de ponta e com a contratação de mão de obra especializada.

Outra questão fundamental para que esse princípio venha a ser aplicado é o abandono da formalidade excessiva das normas processuais, afastando-se os atos protelatórios que muitas vezes são acessíveis somente a acusados com melhor condição financeira, dando-se preferência, sempre que possível, à oralidade e à concentração dos atos processuais, pois essas atitudes otimizam os gastos.

Assim, conclui-se que a duração razoável do processo é um direito de todo cidadão brasileiro e que deve ser aplicada de forma efetiva pelo Poder Judiciário, sob pena de clara afronta a expresso preceito constitucional.

1.5 Princípio da individualização da pena

De acordo com o princípio da individualização da pena previsto no art. 5º, inciso XLVI, da Constituição Federal, a pena ser graduada de acordo com a relevância do bem jurídico tutelado, observando--se também a pessoa do delinquente. Este princípio está totalmente relacionado com o caráter retributivo da pena, que tem a finalidade de devolver o mal concreto causado pelo crime de acordo com a personalidade do agente.

Segundo Flávio Monteiro de Barros, o princípio da individualização da pena projeta-se sob três aspectos: legislativo, judicial e executório:

> A individualização legislativa é operada pelo legislador quando comina pena abstrata, de acordo com o a maior ou menor gravidade do delito. A lei deve prever a espécie e quantidade da pena e, se for o caso, a sua substituição por outras penas mais leves.
>
> A individualização judicial é efetuada pelo magistrado quando, na sentença, impõe a pena concreta ao réu, dosando-a com base nos critérios previstos no art. 59 do CP.
>
> A individualização administrativa ou executiva é concretizada na fase da execução da pena, quando se confere para cada condenado um tratamento específico dentro dos estabelecimentos prisionais. Assim, de acordo com o inciso XLIX do art. 5º da CF "é assegurado aos presos o respeito a integridade física e moral". O inciso XLVIII

do aludido art. 5º prevê que o cumprimento da pena se dará em estabelecimentos distintos, atendendo a natureza do delito, a idade e o sexo do condenado. E no inciso L do art. 5º assegura-se às presidiárias "condições para que possam permanecer com seus filhos durante o período de amamentação".[14]

O princípio da individualização pena surge justamente como forma de evitar a desproporcionalidade em sua aplicação, conforme as lições de Luciano Feldens:

> Por outro lado, se o juízo de desproporcionalidade brota das circunstâncias do caso concreto, considerada a inexpressiva lesividade da conduta em face da sanção que lhe é formalmente projetada, sob questão não estará a legitimidade norma penal em abstrato, mas a consequência jurídico-penal de sua incidência em concreto.[15]

Nesse sentido, o referido princípio estabelece que as sanções devem ser impostas aos condenados de forma personalizada e particularizada, de acordo com a natureza e as circunstâncias dos delitos e à luz das características pessoais do infrator, sendo vedada qualquer forma de padronização.

Assim, a individualização da pena é um princípio constitucional fundamental, compreendido como direito humano e garantia humana fundamentais.

1.6 Princípio da segurança jurídica

A própria existência de um ordenamento jurídico, com a previsão de preceitos normativos gerais, impessoais e abstratos, presta serviço à segurança jurídica, uma vez que há regras previamente definidas para a resolução dos conflitos de interesse.

A segurança jurídica consubstancia-se no conjunto de condições que tornam possível ao cidadão o conhecimento prévio e reflexivo das consequências de seus atos.

O princípio da segurança jurídica encontra-se diretamente ligado aos direitos e garantias fundamentais da pessoa humana, e sem ele

---

[14] BARROS, Flávio Augusto Monteiro. *Direito Penal*. 5. ed. São Paulo: Saraiva, 2006. P. 441.
[15] FELDENS, Luciano. *A constituição penal*. Porto Alegre: Livraria do Advogado, 2005. p. 193.

dificilmente os demais princípios fundamentais constitucionais poderiam ser tutelados.

Toda sociedade democrática possui uma ordem jurídica organizada, estando o princípio da segurança jurídica implícito em seu valor essencial de justiça.

A Constituição Federal brasileira prevê a segurança jurídica em três incisos de seu art. 5º

> XXXVI – a lei não prejudicará o direito adquirido, o ato jurídico perfeito e a coisa julgada.
>
> [...]
>
> XXXIX – não há crime sem lei anterior que o defina, nem pena sem prévia cominação legal.
>
> [...]
>
> XL – a lei penal não retroagirá, salvo para beneficiar o réu.

Ao analisar esses textos, verifica-se que a segurança jurídica se expressa por outros princípios constitucionais, como irretroatividade da lei, coisa julgada, respeito aos direitos adquiridos, respeito ao ato jurídico perfeito, prévia lei para a configuração de crimes, penas previamente estabelecidas etc.

A lei é a principal fonte da segurança jurídica, pois expressa a vontade do povo, uma vez que foi elaborada por seus representantes eleitos e que, em uma sociedade democrática, é dele que emana o poder. Então, para poder privar alguém de sua liberdade por qualquer motivo, o Estado, por meio de seus representantes, deve estar amparado pela lei.

O princípio da legalidade surgiu exatamente como uma conquista do Estado de Direito para que os cidadãos não fossem obrigados a se submeter ao abuso de poder estatal, transmitindo um valor de justiça. Por isso, ninguém é obrigado a fazer ou deixar de fazer alguma coisa senão em virtude de lei. Assim, o princípio da segurança jurídica e o princípio da legalidade se apresentam como sustentáculo do próprio estado democrático de direito, devendo alcançar todos os indivíduos em suas relações.

A referida segurança tem importância na proteção conferida aos cidadãos de que as ações estatais ocorrerão conforme as normas existentes e que, em caso de alteração, não representarão uma ruptura nem causarão mudanças drásticas que afetem o patrimônio jurídico consolidado.

Nesse sentido, o princípio em questão constitui uma das mais respeitáveis garantias que o ordenamento jurídico oferece aos cidadãos, tendo em vista que o Estado representa o pacto por meio do qual estes trocaram parte de sua liberdade pela segurança a ser provida pelo Estado, o que significa dizer que o princípio em tela é a mais básica das obrigações do ente coletivo.

1.7 Princípio da proporcionalidade

O princípio da proporcionalidade é um dos sustentáculos de todos os ramos Direito, mas tem influência direta no Direito Penal de qualquer ordenamento jurídico, uma vez que é imanente ligado à essência dos direitos fundamentais, por se tratar de expressão de pretensão da liberdade. Esse princípio é implícito na Constituição Federal e estabelece que o legislador, ao criar infrações penais e suas penas, deve considerar a gravidade da infração penal praticada e o bem jurídico tutelado, de modo que suas ações não se tornem abusivas.

Um tipo penal não pode prever uma pena muito elevada nem muito branda em seu preceito secundário, sob pena de haver um desvio de sua finalidade, já que tanto poderá tutelar demasiada e desnecessariamente determinado bem jurídico como poderá deixar outros desamparados.

No mesmo sentido, o princípio da proporcionalidade estabelece que o juiz, no momento de aplicar a pena definida pelo legislador, entre o mínimo e o máximo, deve ter razoável proporção entre o peso da sanção penal e o dano praticado pela infração penal. Não é adequado privar alguém de sua liberdade por ter praticado uma infração penal insignificante, ou seja, que não tenha ofendido de forma relevante o bem jurídico tutelado.

No âmbito internacional, a Declaração dos Direitos do Homem e do Cidadão, de 1789, define em seu art. 8º que: "A lei não deve estabelecer mais do que penas estritamente e evidentemente necessárias".

Nessa linha raciocínio, leciona o jurista Luigi Ferrajoli:

> Que quantidade de pena? A medida da pena o princípio da proporcionalidade – O fato de que entre a pena e delito não exista nenhuma relação natural não exime a primeira de ser *adequada* ao segundo em alguma medida. Ao contrário, precisamente o caráter convencional e legal do nexo retributivo que liga a sanção ao ilícito penal exige que a eleição da qualidade e da quantidade de uma seja realizada pelo legislador e pelo juiz *em relação* à natureza e à gravidade do outro. O *princípio de proporcionalidade* expressado na antiga máxima *poena debet commensurari delitcto* é, em suma, um corolário dos princípios de legalidade e de retributividade, que tem nestes seu fundamento lógico e axiológico.[16]

Com o passar dos anos, o Código Penal brasileiro sofreu diversas modificações, o que causou uma perda da harmonia entre os preceitos primários e secundários de alguns tipos penais, abrindo margem ao desprestígio do princípio da proporcionalidade e ao próprio Direito Penal.

Uma questão que gerou desrespeito gritante ao princípio da proporcionalidade foi o surgimento de diversas leis especiais penais espalhadas pelo ordenamento jurídico nacional. A Lei de Crimes Hediondos (Lei n. 8.072/1990), por exemplo, foi significativa nesse sentido, já que elegeu como delito hediondo o envenenamento de água potável, situação que foi parcialmente corrigida posteriormente pela Lei n. 8.930/1994 com a retirada do referido delito de seu rol, mas que não reduziu a pena do mesmo.

Outro exemplo de tipo penal que representa clara afronta do princípio da proporcionalidade é o art. 273 do Código Penal, que prevê pena de 10 a 15 anos e multa para o delito de falsificação, corrupção, adulteração ou alteração de produto destinado a fins terapêuticos ou medicinais.

---

[16] FERRAJOLI, Luigi. *Direito e razão: teoria do garantismo penal.* Tradução de Ana Paula Zomer Sica, Fauzi Hassan Choukr, Juarez Tavarez e Luiz Flavio Gomes. 4. ed. São Paulo: Revista dos Tribunais, 2014. p. 366.

Outra questão muito polêmica foi o fato de a Lei n. 8.072/1990 ter dobrado a pena do crime de estupro (art. 213), passando-a de 3 para 6 anos de reclusão, equiparando este delito ao crime de homicídio, tutelando os crimes contra a dignidade sexual da mesma forma que os crimes dolosos contra à vida, o que aflora uma patente desproporcionalidade entre os bens jurídicos tutelados.

Mais uma questão que merece destaque é o fato de a Lei n. 9.605/1995, em seu art. 30, preve pena de 3 meses a 1 ano para quem maltrata animais, enquanto o art. 136 do Código Penal prevê pena de 2 meses a 1 ano e multa para o delito de maltrato de seres humanos.

Um marco histórico no surgimento do princípio da proporcionalidade no ordenamento jurídico mundial foi a *Magna Charta Inglesa*, de 1215, a qual estabelece que: "o homem livre não deve ser punido por um delito menor, senão na medida desse delito, e por um grave delito ele deve ser punido de acordo com a gravidade do mesmo".

Como decorrência do princípio da proporcionalidade surge o princípio da proteção deficiente, o qual estabelece que uma determinada infração penal não pode ter uma pena ínfima, em virtude do risco de o bem jurídico tutelado ficar desprotegido.

Para o processo penal, o princípio da proporcionalidade diz respeito à aptidão ou adequação que determinado meio deve ter para alcançar o fim legítimo pretendido, ou seja, os fins da persecução penal.

No que se refere à prisão cautelar, é torna desarmônico, por exemplo, aplicar a privação antecipada da liberdade por meio de prisão preventiva se a infração penal não prevê a privação da liberdade como pena final.

Assim, é notória a importância do princípio da proporcionalidade para a manutenção do estado democrático de direito, impondo a proteção do indivíduo contra intervenções estatais desnecessárias ou excessivas, que causem nos cidadãos danos mais graves do que o indispensável para a segurança dos interesses públicos.

2

Da Pena Privativa de Liberdade

2.1 Teoria geral da pena

Nas palavras de Eugenio Raúl Zaffaroni, jurista e magistrado argentino, conceitua-se pena como sendo: *"la coerción estatal que importa la privación de derechos o la inflicción de um dolor; que no persigue um fin reparador ni de neutralización de um daño em curso o de um peligro inminente"*.[1]

O tema "pena", de modo geral, não representa o enfoque desta obra, mas é importante apresentar brevemente a Teoria Geral da Pena para que seja possível fazer um comparativo nos capítulos finais, demonstrando que, em algumas situações concretas, a prisão preventiva chega a ser mais gravosa do que a própria pena.

A palavra "pena" deriva do latim *poena*, que significa castigo ou suplício, o qual é imposto pelo Estado em execução de uma sentença condenatória com trânsito em julgado ao culpado pela prática de uma infração penal.

Muitos sustentam que a pena é um mal necessário e que sem sua existência seria praticamente impossível conviver em sociedade. Nesse sentido, leciona Magalhães Noronha:

> Realmente, uma coisa é afirmar o *conceito* da pena e outra, seu *fim*. A pena é retribuição, é privação de bens jurídicos, imposta ao criminoso em face do ato praticado. É expiação. Antes de escrito nos Códigos, está profundamente radicado na consciência de cada um que

---

[1] ZAFFARONI, Eugenio Raul. Zaffaroni. *Derecho penal: parte geral*. Buenos Aires: Ediar, 2000. p. 876.

aquele que praticou um mal deve também sofrer um mal. Não se trata da *lex talionis*, e para isso a humanidade já viveu e sofreu muito; porém é imanente em todos nós o sentimento de ser retribuição do mal feito pelo delinquente. Não como afirmação de vindita, mas como demonstração de que o direito postergado protesta e reage, não apenas em função do indivíduo, mas também da sociedade.[2]

Pena e medida de segurança são espécies do gênero infração penal. Enquanto pena é uma sanção prevista para os imputáveis, a medida de segurança é o tratamento aplicado a estes e também aos semi-imputáveis em razão de doença mental ou desenvolvimento mental incompleto.

As penas podem ser privativas de liberdade, restritivas de direito ou de natureza pecuniária. A Constituição Federal, em seu art. 5º, inciso XLVI, estabelece que no Brasil podem ser aplicadas, entre outras, as seguintes penas:

1. privação ou restrição da liberdade;

2. perda de bens;

3. multa;

4. prestação social alternativa;

5. suspensão temporária de direitos.

O sistema punitivo penal de um Estado constitui o mais rigoroso instrumento de controle social; assim, somente pode ser utilizado para proteção dos bens jurídicos mais importantes, ou seja, de grande valor para a sociedade.

O poder do Estado para editar normas penais encontra fundamento no dever que lhe incumbe de preservar a ordem e a segurança da convivência social. Entretanto, como o Estado tem outras formas de preservação da ordem, o Direito Penal deve ser aplicado apenas quando os outros ramos do Direito forem ineficazes – daí o caráter subsidiário e fragmentário desse ramo do Direito.

Estudiosos procuram explicar o fundamento da pena a partir de três teorias: absoluta, relativa e mista. Para a teoria absoluta, a pena

---

[2] NORONHA, Edgard Magalhães. *Direito penal*. v. 1. São Paulo: Saraiva, 1998. p. 225-226.

é uma exigência de justiça, no sentido de que quem pratica um mal deve sofrer um mal (*punitur quia peccatum est*). Todavia, para a teoria relativa, a pena tem caráter preventivo, evitando que o crime venha a acontecer (*punitur ne peccetur*). E, por fim, para a teoria mista, a pena é uma junção entre a teoria absoluta e a relativa, ou seja, tem caráter retributivo e preventivo (*punitur quia peccatum est ne peccetur*).

As normas penais, em regra, são compostas de um preceito primário e um secundário, sendo que o primeiro exprime um comando e o segundo prevê uma pena. Assim, entende-se que pena é a sanção imposta pelo Estado ao autor de uma infração penal como retribuição de seu ato ilícito, consistente na diminuição de um bem jurídico, com a finalidade evitar a prática de um novo delito.

Seguindo essa linha raciocínio, leciona Heleno Cláudio Fragoso:

> Pena é a perda de bens jurídicos imposta pelo órgão da justiça a quem comete o crime. Trata-se da sanção característica do direito penal, em sua essência, retributiva. A sanção penal é, em essência, retributiva porque opera causando um mal ao transgressor. Distingue-se assim das demais sanções jurídicas, que, em regra, se destinam à reposição do *stato quo ante* através da reparação ou da restituição. Quem deixa de pagar uma dívida, transgride uma norma do direito privado e terá como sanção (civil) a obrigação de pagá-la coativamente, indenizando o dano causado ao credor. Quem pratica um homicídio transgride uma norma penal e receberá, como sanção, pena privativa de liberdade. Diz-se retributiva a sanção penal porque consiste num mal imposto ao transgressor em virtude da violação da norma jurídica. Esse mal é a perda de bens jurídicos: a vida (no caso da pena de morte), a liberdade (se a pena é de prisão) ou o patrimônio (no caso de pena de multa). O magistério punitivo do Estado, no entanto, como explicamos, não se funda na retribuição.[3]

A pena tem caráter *erga omnes*, visto que é voltada a todos os cidadãos e deve ser imposta indistintamente quando for o caso.

De acordo com o art. 59 do Código Penal, a pena tem dupla finalidade: prevenir que as pessoas comentam outros crimes e punir o autor do crime pelo mal que causou à vítima e à sociedade.

---

[3] FRAGOSO, Heleno Cláudio. *Lições de direito penal*. 16. ed. Rio de Janeiro: Forense, 2003. p. 32

Estabelece o art. 32 do referido diploma material que as penas podem ser:

1. privativas de liberdade;

2. restritivas de direito;

3. multa.

A pena privativa de liberdade divide-se em pena de reclusão, detenção ou prisão simples. Na prática, essas penas pouco se diferenciam, em virtude da ausência de estrutura do poder estatal para que essa distinção seja feita. Contudo, tecnicamente, algumas diferenças devem ser respeitadas no momento de sua aplicação.

Somente os crimes mais graves são punidos com pena de reclusão e têm preferência em sua execução. Além disso, em razão da gravidade do crime que praticaram, os condenados que cumprem esse tipo de pena têm maior rigor para conseguirem eventuais benefícios legais durante sua execução, diferentemente dos crimes punidos com detenção ou prisão simples.

A pena de reclusão pode ser cumprida em regime fechado, semiaberto ou aberto, de acordo com o quantitativo da pena aplicada. Dessa maneira, se a pena aplicada for superior a 8 anos, necessariamente o condenado deve iniciar seu cumprimento em regime fechado; se superior a 4 anos e inferior a 8 anos, salvo se o condenado for reincidente, deve iniciar em regime semiaberto; e se for de 4 anos, salvo exceções, deve iniciar em regime aberto.

A pena de detenção segue sistemática semelhante. Em caso de pena superior a 4 anos, os condenados iniciam seu cumprimento em regime semiaberto; já se a pena for igual ou inferior a 4 anos, iniciam em regime aberto, exceto em casos de reincidentes, os quais devem iniciar o cumprimento da pena em regime mais gravoso, ou seja, semiaberto.

Na pena de prisão simples não existe a possibilidade de o condenado cumprir sua pena em regime fechado, devendo a reprimenda ser cumprida em regime semiaberto ou aberto, em estabelecimento especial ou em seção especial de prisão comum, sem o rigorismo do sistema penitenciário, conforme o art. 6º da Lei das Contravenções

Penais (LCP). Em caso de absolvição imprópria pela prática de crime apenado com reclusão por aplicação de medida de segurança, o inimputável ou semi-imputável deverá permanecer detido para que passe por tratamento em hospital psiquiátrico.

As penas de detenção são reservadas para os delitos menos graves, ou seja, que ofendem com menor intensidade a ordem jurídica. Então, em caso de absolvição imprópria pela prática de crime apenado com detenção por aplicação de medida de segurança, o inimputável ou semi-imputável poderá ter sua pena convertida em tratamento ambulatorial.

A Constituição Federal não se preocupou apenas com a aplicação pura e simples da pena, mas também com a aplicação de uma pena digna, afastando, consequentemente, em seu art. 5º, inciso XLVII, a aplicação das seguintes penas:

1. de caráter perpétuo;

2. de trabalho forçado;

3. de banimento;

4. cruéis.

Também prevê que a pena deve ser cumprida em estabelecimentos distintos, de acordo com a natureza do delito, a idade e o sexo do apenado, assegurando, assim, o respeito à integridade física e moral do recluso.

Claus Roxin entende que, apesar do aumento da criminalidade, diante do estudo avançado das penas, estas tendem a se tornar cada vez mais brandas:

> Apesar do previsto aumento da criminalidade, as penas hão de tornar-se mais suaves. À primeira vista, isso parece paradoxal, pois corresponde ao raciocínio do leigo reagir a uma criminalidade crescente com penas mais duras. E também surpreenderá aquele que tenha observado que, nos últimos anos, a moda político-criminal tem tendido para um enrijecimento do direito penal, e isto não só na Alemanha. Fenômenos como a criminalidade organizada, ainda não suficiente investigada nem jurídica, nem a criminologicamente, o que a faz portanto causadora de muita insegurança, e também o

medo da criminalidade entre os cidadãos, aumentando pelas reportagens da mídia, tornam a exigência de penas mais duras um meio cômodo para que muitos políticos consigam votos. Ainda assim, penso que este desenvolvimento se trate de uma oscilação cíclica, a que a criminalidade sempre volta a submeter-se após certo período de tempo. A longo prazo, suponho que este desenvolvimento leve, com certa necessidade, a uma nova suavização das penas. Afinal, a mais severa de nossas atuais sanções, a pena privativa de liberdade, que dominou o cenário das penas nos países europeus desde a abolição dos castigos corporais, tem seu ápice bem atrás de si, e vai retroceder cada vez mais.[4]

Nesse sentido, verifica-se que o ordenamento jurídico nacional se preocupou sobremaneira com a aplicação da pena, fazendo com que esta não tenha caráter apenas aflitivo, mas também retributivo, para que o condenado possa reinserir-se na sociedade da melhor maneira possível.

2.2 Origem da pena privativa de liberdade

A origem da pena em si é contraditória e se confunde com a própria história da humanidade. Por isso, é interessante analisar gradativamente a evolução das penas na Idade Antiga, Média e Moderna para que se tenha uma noção da evolução dos direitos e garantias da pessoa humana na aplicação da pena privativa de liberdade.

Os romanos foram grandes estudiosos do Direito Civil, mas não se dedicaram muito ao estudo do Direito Penal, razão pela qual na Idade Antiga não houve grande evolução deste último instituto jurídico.

Na Idade Antiga, os gregos e os romanos praticamente desconheciam a privação da liberdade como sanção penal, tendo em vista que, naquela época, a pena privativa de liberdade era utilizada apenas como custódia, ou seja, para preservar os acusados até que fossem julgados ou tivessem a pena extinta, servindo o cárcere apenas como um verdadeiro depósito de seres humanos. As penas mais utilizadas eram a pena de morte, as mutilações, os açoites e as penas infames, de maneira que um sistema carcerário organizado não faria muita dife-

---

[4] ROXIN, Claus. *Estudos de direito penal.* Tradução de Luís Greco. Rio de Janeiro: Renovar, 2006. p. 17-18.

rença. Nesse período, como tentativa de se obter a verdade, a tortura também foi bastante praticada.

A Grécia utilizou muito a prisão como forma de reter os devedores até que cumprissem com suas obrigações.

Durante a Idade Antiga, eram utilizados os piores lugares para prisão, como calabouços, ruínas, aposentos insalubres etc. Na Sicília, havia um poço onde os presos ficavam encarcerados, local que ficou conhecido como "fossa dos condenados". E a primeira prisão em Roma foi construída nos tempos do Imperador Severo.

Sobre este assunto, leciona o jurista Cezar Roberto Bitencourt:

> Grécia e Roma, pois, expoentes do mundo antigo, conheceram a prisão com finalidade eminentemente de custódia, para impedir que o culpado pudesse subtrair-se ao castigo. Pode-se afirmar que de modo algum podemos admitir nessa fase da História sequer um germe da prisão como lugar de cumprimento de pena, já que praticamente o catálogo de sanções esgotava-se com a morte, penas corporais e infamantes. A finalidade da prisão, portanto, restringia-se à custódia dos réis até a execução das condenações referidas. A prisão dos devedores tinha a mesma finalidade: garantir que os devedores cumprissem as suas obrigações.[5]

Diante do exposto, verifica-se que o período histórico em questão contribuiu muito pouco para o desenvolvimento do estudo da pena privativa de liberdade ou mesmo para o próprio Direito Penal em si.

Com a queda de Roma e de seu Império, e com a consequente invasão da Europa pelos "bárbaros", acaba-se a Idade Antiga, segundo a divisão tradicionalmente aceita, dando-se início à Idade Média, época também conhecida como "tempos medievais".

Na Idade Média, a lei penal tinha a finalidade de provocar medo coletivo na população, servindo como forma mais intimidativa do que punitiva em si. E os acusados aguardavam o julgamento encarcerados subterraneamente, o que causava grande aflição na sociedade.

---

[5] BITENCOURT, Cezar Roberto. *Tratado de direito penal*. v. 1. 24. ed. São Paulo: Saraiva, 2018. p. 471.

Esse período ficou muito conhecido também pelo pluralismo de ordens jurídicas, conforme leciona o jurista Paulo Dourado de Gusmão:

> Caracteriza-se a Idade Média pelo *pluralismo de ordens jurídicas*: direito romano vulgar (sul da França, Itália), direito consuetudinário (Inglaterra), direito bárbaro, direito romano vulgar (Sul da França), direito ao senhorios, direito das corporações de mercadores ou de ofícios, direito das cidades e direito canônico, vigentes muitas vezes no mesmo território. Pluralismo resultante da política jurídica adotada pelos germanos impondo o *princípio da personalidade das leis*, segundo o qual a "nacionalidade" da pessoa determina o seu estatuto jurídico: germanos, direito germânico; latinos, direito romano vulgar, e clérigos, direito da Igreja. Pluralismo agravado pelo fato de não ter unidade o direito germânico: havia tantos direitos quanto o número de tribos germânicas. Para preservá-los foram codificados sem qualquer sistema. Essas complicações, que datam do século V, a princípio tratavam do direito penal, depois do direito privado, sob a influência do direito romano vulgar. Eis as principais complicações do direito germânico: *Lex Wisigothorum*, dos godos; *Lex Borgundionum*, dos burgundos; *Lex Alamannorum*, dos alemães, e *Lex Salica*, dos francos. Pluralismo também no terreno judiciário, pois havia o tribunal dos senhorios em seus castelos, o das cidades, o da Igreja, o das corporações de mercadores, e os do próprio Rei, como última instância.[6]

A privação da liberdade como tipo de pena surgiu justamente durante esse período, porque o encarceramento, até então, ainda tinha finalidade de custódia. E as penas continuaram muito violentas, sendo muito comum a amputação de braços, pernas, olhos, língua, além de mutilações diversas e morte.

Também Idade Média, surgiram duas modalidades de prisão: a Prisão de Estado e a Prisão Eclesiástica. A primeira tinha a finalidade de punir os inimigos do poder, ou seja, os inimigos políticos dos governantes; e a segunda respondia às ideias de caridade, redenção e fraternidade da Igreja, dando ao preso um sentido de penitência e meditação, uma vez que o crime era compreendido como um pecado.

---

[6] GUSMÃO, Paulo Dourado. *Introdução ao Estudo do Direito*. 40. ed. Rio de Janeiro: Forense, 2008. p. 304-305.

Nesse tipo de prisão, era comum os infratores ficarem recolhidos em uma ala do mosteiro, para que, por meio de meditação e oração, se arrependessem do mal que cometeram.

Estudos mostram que foi por iniciativa da Igreja que surgiram as prisões subterrâneas e também a expressão *vade in pace* (vá em paz). Os réus eram despedidos com essas palavras, uma vez que aqueles que entravam nesse tipo de prisão não saíam mais com vida. Essas prisões eram verdadeiras masmorras, devendo os presos descer por meio de escadas ou pendurados em uma corda. Cabe mencionar que, nessa época, os erros judiciários eram muito comuns, bem como a fustigação corporal, a escuridão, o jejum e o isolamento como forma de proteção do contágio moral.

A prisão dos mosteiros deixou legados arquitetônicos que perduram até os dias atuais e refletem na construção dos presídios da Idade Moderna. Daí surgiu daí o nome "penitenciária", oriundo da palavra "penitência".

Finda a Idade Média, iniciou-se, no século XVII, a Idade Moderna, inicialmente caracterizada pela pobreza que se estendeu por toda a Europa, havendo um grande aumento da criminalidade em decorrência desse fato histórico. Foi uma época muito importante para o desenvolvimento das penas privativas de liberdade, visto que nesse período foi necessário preocupar-se mais com a correção dos apenados do que simplesmente com sua punição.

No campo do Direito Constitucional, o documento jurídico mais importante que marca a Era das Revoluções é a Constituição Norte-americana (1787), por ser considerada a primeira constituição moderna que instituiu o presidencialismo como forma de governo e o federalismo como forma de Estado e que exerceu, e exerce até os dias atuais, profunda influência sobre o Brasil.

2.3 Sistemas penitenciários

Estudiosos do Direito Penal não indicam uma origem precisa dos sistemas penitenciários; contudo, há consenso na doutrina de que esses sistemas surgiram nos Estados Unidos. Alguns estudiosos acreditam na existência de grande inspiração religiosa, tomando como referência os monges ou clérigos faltosos, que se recolhiam em suas celas para se dedicar, em silêncio, à meditação e à reflexão pela falta cometida para que pudessem se reconciliar com Deus.

Com a criação do primeiro sistema penitenciário, surgiu a pena privativa de liberdade, que não existia até então, uma vez que o encarceramento era utilizado apenas como forma de custódia. Antes da criação dessas penas, o corpo do delinquente pagava pelo mal que ele havia praticado, sendo submetido à tortura, açoitado, crucificado, esquartejado, esfolado vivo, vítima de todo tipo de sevícias. Nesse sentido, leciona o jurista Rogério Greco: "Podemos dizer que a pena de prisão, ou seja, a privação da liberdade como pena principal, foi um avanço na triste história das penas".

Os sistemas penitenciários evoluíram a partir de três principais sistemas: pensilvânico, auburniano e progressivo ou inglês. O sistema pensilvânico, também conhecido como "celular", foi muito utilizado na Europa e tinha como características o isolamento do agente (*solitary system* ou *solitary confinement*) e a oração, a abstinência total de bebidas alcoólicas e o trabalho forçado como forma de reflexão e reinserção social.

Nos Estados Unidos, a primeira prisão construída foi a Walnut Street Jail, em 1776 na Filadélfia, com grande influência de Benjamim Franklin e Willian Bradford. Da mesma maneira, Cesare Baccaria também teve certa influência neste sistema pensilvânico, bem como outros estudiosos ligados ao Direito Canônico.

A superpolução carcerária acabou levando o sistema pensilvânico ao fracasso; as autoridades chegaram ao ponto de não ter mais onde colocar os presos, já que estes deveriam ficar isolados. Ademais, o isolamento severo dificultava a posterior ressocialização.

Para corrigir as falhas do sistema pensilvânico, surgiu o sistema auburniano, assim denominado por causa da prisão que foi construída em Nova Iorque, na cidade de Aurbun, em 1816. Nesse sistema, os condenados reincidentes com menos chances de ressocialização ficavam sob isolamento contínuo; os menos incorrigíveis ficavam isolados apenas três vezes por semana e podiam trabalhar; e os menos perigosos ficavam somente isolados durante a noite.

Esse sistema foi muito criticado e pressionado pelos organismos sindicais, porque explorava mão de obra com custos muito baixos, que faziam concorrência desleal com o trabalho realizado fora do presídio.

Apesar de ser menos rigoroso que o sistema pensilvânico, o sistema auburniano levou muitos presos à loucura e outros à morte, por adotar o método do silêncio absoluto (*silent system*). Outra particularidade era o fato de aplicar castigos cruéis e excessivos, então considerados meios adequados de correção dos condenados.

Ao longo do século XIX, a pena de morte começou a ser abandonada, juntamente com os sistemas pensilvânico e auburniano, e surgiu o sistema progressivo ou inglês, também conhecido como *mark system*, que teve como precursor o Capitão Alexander Maconochie, no ano de 1840, na ilha Norfolk, Austrália.

Com a introdução desse sistema, teve início a distribuição do tempo de duração da pena em períodos, valorizando a conduta do preso com bom comportamento. Outro aspecto importante é a reinserção social gradativa do preso antes do término da condenação a partir de uma reforma moral. Esse tipo de regime significou um grande avanço no sistema penitenciário, pois passou a valorizar a vontade do recluso de se recuperar e voltar para a sociedade.

Os ingleses, colonizadores da Austrália, mandavam para a ilha os criminosos mais perigosos, ou seja, aqueles reincidentes. O *mark sistem*, quando de sua criação passou por algumas etapas nas quais o recluso, aos poucos, passava a ter contato com o mundo exterior.

O sistema progressivo procura sempre estimular a liberdade, fazendo o recluso comportar-se adequadamente dentro do estabelecimento prisional.

Leciona Guilherme de Souza Nucci:

> O mérito do condenado é um juízo de valor incidente sobre a sua conduta carcerária passada e futura (diagnóstico e prognóstico), dando conta de que cumpriu, a contento, sem o registro de faltas graves no seu prontuário, a sua pena no regime mais rigoroso, além de estar preparado a enfrentar regime mais brando, demonstrando disciplina, senso crítico sobre si mesmo, perspectiva quanto ao seu futuro e ausência de periculosidade. O mérito não deve, jamais, ser avaliado

segundo o crime praticado e o montante da pena aplicada, pois não é essa a finalidade da disposição legal. Por seu crime, o sentenciado já foi sancionado e cumpre pena, não podendo carregar, durante toda a execução, o estigma de ter cometido grave infração penal.[7]

O ordenamento jurídico nacional apresenta claras características de aplicação do *mark system*, conforme o teor do art. 33 do Código Penal:

Art. 33. A pena de reclusão deve ser cumprida em regime fechado, semiaberto ou aberto. A de detenção, em regime semiaberto, ou aberto, salvo necessidade de transferência a regime fechado.

§ 1º Considera-se:

a) regime fechado a execução da pena em estabelecimento de segurança máxima ou média;

b) regime semiaberto a execução da pena em colônia agrícola, industrial ou estabelecimento similar;

c) regime aberto a execução da pena em casa de albergado ou estabelecimento adequado.

§ 2º As penas privativas de liberdade deverão ser executadas em forma progressiva, segundo o mérito do condenado, observados os seguintes critérios e ressalvadas as hipóteses de transferência a regime mais rigoroso:

a) o condenado a pena superior a 8 (oito) anos deverá começar a cumpri-la em regime fechado;

b) o condenado não reincidente, cuja pena seja superior a 4 (quatro) anos e não exceda a 8 (oito), poderá, desde o princípio, cumpri-la em regime semiaberto;

c) o condenado não reincidente, cuja pena seja igual ou inferior a 4 (quatro) anos, poderá, desde o início, cumpri-la em regime aberto.

§ 3º A determinação do regime inicial de cumprimento da pena far-se-á com observância dos critérios previstos no art. 59 deste Código.

§ 4º O condenado por crime contra a administração pública terá a progressão de regime do cumprimento da pena condicionada à reparação do dano que causou, ou à devolução do produto do ilícito praticado, com os acréscimos legais.

No mesmo sentido, reza o art. 112 da Lei de Execução Penal (LEP):

---

[7] NUCCI, Guilherme de Souza. *Manual de Direito Penal*. 14ª.ed., São Paulo: Forense, 2018. p. 382.

Art. 112. A pena privativa de liberdade será executada em forma progressiva com a transferência para regime menos rigoroso, a ser determinada pelo juiz, quando o preso tiver cumprido ao menos um sexto da pena no regime anterior e ostentar bom comportamento carcerário, comprovado pelo diretor do estabelecimento, respeitadas as normas que vedam a progressão.

§ 1º A decisão será sempre motivada e precedida de manifestação do Ministério Público e do defensor.

§ 2º Idêntico procedimento será adotado na concessão de livramento condicional, indulto e comutação de penas, respeitados os prazos previstos nas normas vigentes.

Entretanto, o sistema prisional progressivo brasileiro apresenta algumas falhas, principalmente no que se refere ao desrespeito aos Direitos Humanos dentro dos estabelecimentos prisionais, em virtude de sua falta de estrutura por ausência de investimento adequado.

Leciona Cezar Roberto Bitencourt:

A crise do regime progressivo levou a uma profunda transformação dos sistemas carcerários. Essa transformação realiza-se através de duas vertentes: por um lado a individualização penitenciária (individualização científica), e, por outro, a pretensão de que o regime penitenciário permita uma vida em comum mais racional e humana, como, por exemplo, estimulando-se o regime aberto.[8]

Ao analisar a evolução histórica dos sistemas prisionais, verifica-se que é muito difícil chegar a um modelo ideal. Contudo, é evidente que o sistema progressivo é o que mais se aproxima dos preceitos constitucionais previstos na Constituição Federal de 1988, uma vez que procura reeducar a pessoa humana, que, mais cedo ou mais tarde, voltará ao convívio social. Além disso, a aplicação de um sistema semelhante ao pensilvânico ou auburniano colocaria sistema penitenciário brasileiro atual ainda mais em colapso.

---

[8] BITENCOURT, Cezar Roberto. *Tratado de Direito Penal*. v. 1. 24. ed. São Paulo: Saraiva, 2018. p. 173.

2.4 Regimes prisionais

A fim de, mais uma vez, dar efetividade ao princípio constitucional da individualização da pena, o Código Penal brasileiro prevê três modalidades de regimes prisionais para as penas privativas de liberdade: aberto, semiaberto e fechado.

Nos termos do art. 59 do Código Penal, o regime inicial de cumprimento de pena será estabelecido pelo juiz da condenação, atentando para a culpabilidade, os antecedentes, a conduta social, a personalidade do agente, os motivos, as circunstâncias e as consequências do crime, bem como o comportamento da vítima.

Nesse sentido, leciona Paulo José da Costa Júnior:

> Será o magistrado penal quem irá determinar, na sentença condenatória, o regime inicial de cumprimento da pena privativa de liberdade (art. 59, III, c/c o art. 33, §3º). Deverá, para tanto, atentar para a culpabilidade do réu, seus antecedentes e conduta social, sua personalidade, motivos, circunstâncias e consequências do crime, bem como para o comportamento da vítima.[9]

No regime fechado, o condenado cumprirá sua pena em penitenciárias e será submetido, no início do cumprimento, a exame criminológico de classificação para individualização da execução, além de ficar sujeito a trabalho no período diurno e a isolamento durante o repouso noturno. Nesse tipo de regime, o trabalho será comum dentro do estabelecimento prisional, de acordo com as aptidões ou ocupações anteriores do condenado, desde que compatíveis com a execução da pena, sendo possível também o trabalho externo em serviços ou obras públicas.

O regime semiaberto será cumprido em colônia agrícola, industrial ou estabelecimento similar, ficando o condenado sujeito ao trabalho durante o dia, sem escolta, e podendo frequentar cursos supletivos e profissionalizantes, de instrução de segundo grau ou mesmo superior.

Já o regime aberto será cumprido em casas de albergados ou estabelecimentos adequados e terá como base a autodisciplina e o senso de responsabilidade do condenado. Nessa modalidade, o condenado

---

[9] COSTA JÚNIOR, Paulo José. *Curso de Direito Penal.* 12. ed. São Paulo: Saraiva, 2011. p. 206.

poderá trabalhar fora do estabelecimento prisional, sem vigilância, frequentar cursos e exercer outra atividade autorizada, permanecendo recolhido somente no período noturno.

Não se pode deixar de mencionar ainda a possibilidade de o condenado cumprir sua pena no Regime Disciplinar Diferenciado (RDD). O condenado pode ser incluído no RDD quando praticar ato que ocasione subversão à ordem ou à disciplina interna, quando apresentar alto risco para a ordem e a segurança do estabelecimento penal ou da sociedade ou quando recaírem sobre ele fundadas suspeitas de envolvimento ou participação de qualquer tipo em organizações criminosas, quadrilha ou bando.

Esse tipo de regime prisional apresenta as seguintes características:

1. duração máxima de 360 dias, sem prejuízo de repetição da sanção por nova falta grave da mesma espécie, até o limite de 1/6 da pena aplicada;

2. recolhimento em cela individual;

3. visitas semanais de duas pessoas, sem contar as crianças, com duração de 2 horas;

4. direito a saída da cela por 2 horas diárias para banho de sol.

Parte da doutrina critica o RDD, considerando que viola diversos direitos e garantias fundamentais da pessoa humana:

> Em face do princípio constitucional da humanidade, sustentando ser inviável, no Brasil, a existência de penas cruéis, debate-se a admissibilidade do regime disciplinar diferenciado. Diante das características do mencionado regime, em especial, do isolamento imposto ao preso durante 22 horas por dias, situação que pode perdurar por até 360 dias, há argumentos no sentido de ser essa prática uma pena cruel.[10]

Cumprindo mais uma vez o princípio constitucional da individualização da pena, o art. 112 da LEP possibilita que o condenado progrida do regime mais gravoso para o menos gravoso após o cumprimento de requisitos objetivos e subjetivos.

---

[10] NUCCI, Guilherme de Souza. *Curso de Direito Processual Penal*. 15. ed. São Paulo: Forense, 2018. p. 1.022.

Art. 112. A pena privativa de liberdade será executada em forma progressiva com a transferência para regime me nos rigoroso, a ser determinada pelo juiz, quando o preso tiver cumprido ao menos um sexto da pena no regime anterior e ostentar bom comportamento carcerário, comprovado pelo diretor do estabelecimento, respeitadas as normas que vedam a progressão.

§ 1º A decisão será sempre motivada e precedida de manifestação do Ministério Público e do defensor.

§ 2º Idêntico procedimento será adotado na concessão de livramento condicional, indulto e comutação de penas, respeitados os prazos previstos nas normas vigentes.

Assim como o condenado poderá progredir de regime prisional, a LEP também prevê a possibilidade de regressão do regime, caso sejam descumpridas determinações estipuladas legalmente.

Art. 118. A execução da pena privativa de liberdade ficará sujeita à forma regressiva, com a transferência para qualquer dos regimes mais rigorosos, quando o condenado:

I – praticar fato definido como crime doloso ou falta grave;

II – sofrer condenação, por crime anterior, cuja pena, somada ao restante da pena em execução, torne incabível o regime (artigo 111).

§ 1º O condenado será transferido do regime aberto se, além das hipóteses referidas nos incisos anteriores, frustrar os fins da execução ou não pagar, podendo, a multa cumulativamente imposta.

§ 2º Nas hipóteses do inciso I e do parágrafo anterior, deverá ser ouvido previamente o condenado.

Dessa maneira, a partir da análise da legislação existente, observa--se que o legislador adotou forma progressiva de regime prisional, levando em consideração o mérito do condenado durante o cumprimento de sua pena.

3

Prisão Preventiva

3.1 Conceito

A prisão preventiva, umas das modalidades de prisão cautelar, pode ser decretada durante a investigação policial ou durante o processo antes do trânsito em julgado da sentença definitiva, nas hipóteses previstas na lei processual penal. Pode ser decretada pelo juiz de ofício, a requerimento do Ministério Público, do querelante e do assistente de acusação ou por representação da autoridade policial.

Sobre esse assunto, leciona o jurista Renato Brasileiro de Lima:

> Cuida-se de espécie de prisão cautelar decretada pela autoridade judiciária competente, mediante representação da autoridade policial ou requerimento do Ministério Público, do querelante ou do assistente, em qualquer fase das investigações ou do processo criminal (nesta hipótese, também pode ser decretada de ofício pelo magistrado), sempre que estiverem preenchidos os requisitos legais (CPP, art. 313) e concorrerem os motivos autorizadores listados no art. 312 do CPP, e desde que revelem inadequadas ou insuficientes as medidas cautelares diversas da prisão (CPP, art. 319).[1]

Assim como as demais prisões cautelares, a prisão preventiva era tratada de modo geral no art. 141, § 20, da Constituição Federal de 1946. Atualmente, porém, tem previsão constitucional no art. 5º, inciso LXI, da Constituição Federal de 1988, que reza:

---

[1] LIMA de, Renato Brasileiro. *Manual de Processo Penal.* 6. ed. Salvador: Juspodivm, 2018. p. 167.

> Art. 5º Todos são iguais perante a lei, sem distinção de qualquer natureza, garantindo-se aos brasileiros e aos estrangeiros residentes no País a inviolabilidade do direito à vida, à liberdade, à igualdade, à segurança e à propriedade, nos termos seguintes:
>
> [...]
>
> LXI – ninguém será preso senão em flagrante delito ou por ordem escrita e fundamentada de autoridade judiciária competente, salvo nos casos de transgressão militar ou crime propriamente militar, definidos em lei.

Em algumas situações, a prisão preventiva chegou a ser obrigatória no ordenamento jurídico nacional; entretanto, com o advento da Lei n. 5.349/67, essa possibilidade foi sabiamente abolida, depois da crítica de renomados juristas, conforme comenta o jurista José Frederico Marques:

> A prisão preventiva compulsória é um dos exemplos desse autoritarismo processual, que devemos à política direitista do estado novo. Transladada do processo penal italiano da era de Mussolini, essa medida de coação é de profunda iniquidade e pode dar margem à prática de irreparáveis injustiças.[2]

Uma das hipóteses em que a prisão preventiva era obrigatória estava prevista na antiga redação do art. 408 do Código de Processo Penal, o qual estabelecia que o acusado pronunciado no procedimento especial do Tribunal do Júri deveria necessariamente ser recolhido ao cárcere:

> Art. 408. Se o juiz se convencer da existência do crime e de indícios de que o réu seja o seu autor, pronunciá-lo-á dando os motivos do seu convencimento.
>
> § 1º Na sentença de pronúncia o juiz declarará o dispositivo legal em cuja sanção julgar incurso o réu, mandará lançar-lhe o nome no rol dos culpados, recomendá-lo-á na prisão em que se achar, ou expedirá as ordens necessárias para sua captura.

Outra situação referente à hipótese de prisão preventiva obrigatória era a imposição feita pela antiga redação do art. 594 do Código de

---

[2] MARQUES, José Frederico. *Elementos de Direito Processual Penal.* v. 4. São Paulo: Millennium, 2007. p. 66.

Processo Penal, que estabelecia que o acusado, para poder apelar de sentença condenatória, deveria recolher-se à prisão:

> Art. 594. O réu não poderá apelar sem recolher-se à prisão, ou prestar fiança, salvo se condenado por crime de que se livre solto.

O referido dispositivo legal foi revogado, seguindo orientação da Convenção Americana de Direito Humanos (Pacto de San José da Costa Rica), que prevê, em seu art. 8º, que todo acusado tem o direito absoluto de recorrer:

> Art. 8º Garantias judiciais
>
> 1. Toda pessoa terá o direito de ser ouvida, com as devidas garantias e dentro de um prazo razoável, por um juiz ou Tribunal competente, independente e imparcial, estabelecido anteriormente por lei, na apuração de qualquer acusação penal formulada contra ela, ou na determinação de seus direitos e obrigações de caráter civil, trabalhista, fiscal ou de qualquer outra natureza.
>
> 2. Toda pessoa acusada de um delito tem direito a que se presuma sua inocência, enquanto não for legalmente comprovada sua culpa. Durante o processo, toda pessoa tem direito, em plena igualdade, às seguintes garantias mínimas:
>
> [...]
>
> h) direito de recorrer da sentença a juiz ou tribunal superior.

Embora seja comum leigos confundirem o instituto jurídico da prisão-pena com o da prisão preventiva, deve-se ressaltar que o primeiro tem clara finalidade de punir alguém que foi condenado a partir de decisão condenatória irrecorrível proferida por meio de devido processo legal, enquanto o segundo visa a custodiar, ou seja, resguardar alguém, por algum motivo previsto em lei, até seu julgamento.

A prisão preventiva é um dos instrumentos jurídicos mais polêmicos e de difícil aplicação pelas autoridades judiciárias, do grande conflito que se cria, no momento de sua imposição, entre o direito fundamental à liberdade e o direito fundamental à segurança pública.

Conforme já mencionado, o instituto da prisão como pena pode ser considerado recente no ordenamento jurídico mundial, tendo em vista que, antigamente, as penas mais utilizadas eram as corporais e de privação da vida. Na Idade Antiga e na Idade Média, por exemplo, a prisão como custódia (cautelar) era utilizada com mais frequência. Nessa modalidade, os réus eram alocados em calabouços insalubres e infectos até que fossem julgados e tivessem penas capitais aplicadas.

Atualmente, uma das principais finalidades da prisão preventiva é garantir que a investigação ou o processo penal atinjam seus fins, isto é, seu objetivo é auxiliar a eficaz aplicação do Direito Penal objetivo.

De acordo com a sistemática processual em vigor, para a decretação da prisão preventiva de qualquer pessoa, o juiz não deve levar em consideração a gravidade da infração penal imputada nem o clamor popular, mas sim se estão presentes os pressupostos legais, os requisitos e as hipóteses que autorizam essa decretação.

Nesse sentido, comentam os juristas Ada Pellegrini Grinover, Antonio Magalhães Gomes Filho e Antonio Scarance Fernandes:

> Constituindo a liberdade física do indivíduo um dos dogmas do Estado de Direito, é natural que a Constituição fixe certas regras fundamentais a respeito da prisão de qualquer natureza, pois a restrição ao direito de liberdade, em qualquer caso, é medida extraordinária, cuja adoção deve estar sempre subordinada a parâmetros de legalidade estrita.[3]

A privação antecipada da liberdade é uma medida drástica, uma vez que afasta os principais direitos fundamentais da pessoa humana positivados constitucionalmente, em especial a honra e a dignidade. Em algumas situações, entretanto, a decretação da prisão preventiva é necessária para a efetiva administração da justiça, ou seja, para garantir o bem maior, que é a paz social, devendo ser executada sempre em caráter excepcional.

Considerando-se a presunção de inocência, um dos princípios basilares do processo penal insculpido no art. 5º, inciso LVII, da Constituição Federal, pelo qual ninguém será considerado culpado até o trânsito em julgado de sentença penal condenatória, a liberdade deve ser considerada a regra, e sua privação a exceção:

> Art. 5º Todos são iguais perante a lei, sem distinção de qualquer natureza, garantindo-se aos brasileiros e aos estrangeiros residentes

---

[3] GRINOVER, Ada Pellegrini; GOMES FILHO, Antonio Magalhães; FERNANDES, Antonio Scarance. *As nulidades no processo penal.* 9. ed. São Paulo: Revista dos Tribunais, 2006. p. 314.

no País a inviolabilidade do direito à vida, à liberdade, à igualdade, à segurança e à propriedade, nos termos seguintes:

[...]

LVII – ninguém será considerado culpado até o trânsito em julgado da sentença penal condenatória.

Portanto, a prisão preventiva, assim como a prisão em flagrante e a prisão temporária, configura uma modalidade de prisão cautelar existente no ordenamento jurídico nacional. E, como qualquer medida processual cautelar, visa a garantir a eficácia de eventual provimento jurisdicional cuja demora possa comprometer a efetividade da aplicação do Direito Penal objetivo ao caso concreto, mas nunca deve ter caráter punitivo.

Nesse sentido, ensina o jurista Antonio Cláudio da Costa Machado:

> Dentro da tríplice e consagrada classificação dos processos, o processo cautelar é aquele que se presta ao alcance de um provimento jurisdicional que resguarde uma situação de fato ou de direito, tal qual ela é hoje, para que outro processo, de execução ou de conhecimento, sobre tal situação, possa gerar eficientemente seus efeitos. A providência cautelar é, por isso, ato judicial que a um só tempo declara interesses (não direitos) e os satisfaz provisoriamente. É que não basta ao Judiciário, em situações de emergência, apenas declarar interesses, é preciso que estes sejam realizados concretamente para impedir que a alteração fática e jurídica provoque o completo esvaziamento e insucesso do processo principal.[4]

Diante do exposto, sintetizando a questão, conclui-se que o instituto da prisão preventiva tem caráter processual eminentemente cautelar e que deve ser aplicado pelo menor tempo possível em casos de urgência e quando não houver a possibilidade de utilização de nenhuma outra medida coercitiva menos drástica na legislação processual penal.

3.2 Pressupostos

Como em qualquer medida processual cautelar, a prisão preventiva somente pode ser decretada se estiverem presentes os pressupostos

---

[4] MACHADO, Antonio Cláudio da Costa, *Código de processo civil interpretado e anotado*. 2. ed. Barueri: Manole, 2008. p. 1.346.

do *fumus boni iuris* (fumaça do bom direito) e do *periculum in mora* (perigo da demora).

O primeiro pressuposto consiste no *fumus comissi delicti*, que é a prova da materialidade delitiva e a existência de indícios suficientes de autoria ou de participação de fato típico, antijurídico e culpável. Já o segundo consiste no *periculum libertatis*, que é o perigo em abstrato que o agente oferece à sociedade ao permanecer em liberdade.

No momento da decretação da prisão preventiva, não se pode exigir prova plena ou certeza da prática do crime, tendo em vista que, segundo o ordenamento jurídico, essa afirmação só pode ser exigida no momento da prolação da sentença pelo juízo competente.

O *periculum libertatis*, que se converte nas circunstâncias autorizadoras da decretação da prisão preventiva, é representado pelos seguintes fundamentos:

a)	para garantia da ordem pública;

b)	para garantia da ordem econômica;

c)	para conveniência da instrução criminal;

d)	para garantia da futura aplicação da lei penal.

Nesse sentido, segue a jurisprudência:

> PRISÃO PREVENTIVA – CONSTRANGIMENTO ILEGAL – CARACTERIZAÇÃO – DECRETO FUNDAMENTADO NA LOCALIZAÇÃO, PELA POLÍCIA, DE INTERMEDIÁRIOS DA REMESSA DE PASSAPORTES FALSIFICADOS – NECESSIDADE DA PRESENÇA DO *"FUMUS BONI IURIS"* E DO *"PERICULUM IN MORA"* – INTELIGÊNCIA DO ARTIGO 312 DO CPP. O fato de ter a polícia, finalmente, conseguido localizar os intermediários de remessa de passaportes falsificados não configura motivo suficiente capaz de fundamentar decreto de prisão preventiva que, para ser válida, precisa basear-se na existência dos pressupostos (*fumus boni iuris*) e fundamentos (*periculum in mora*) previstos no artigo 312 do CPP, sob pena de configurar-se constrangimento ilegal.[5] (TRF – 2ª Reg. – 3ª T.; HC nº 98.02.38920-0-RJ; Rela. Juíza Federal Lana Maria Fontes Regueira; j. 03.11.1998; v.u.) RT 765/720.

---

[5] Boletim da Associação dos Advogados de São Paulo (BAASP). 2.152/136-m, de 27/03/2000.

PRISÃO PREVENTIVA – FALTA DE FUNDAMENTO – CONSTRAN-GIMENTO ILEGAL – HABEAS CORPUS – PRISÃO PREVENTIVA – DECISÃO DESFUNDAMENTADA – CONSTRANGIMENTO ILEGAL CARACTERIZADO – EXTENSÃO DOS EFEITOS – APLICABILIDADE.

1. Para a decretação de qualquer prisão processual, não bastam a prova do crime e os indícios de sua autoria (*fumus boni iuris*), sendo indispensável que, por meio de fatos concretos, demonstre-se a ocorrência de alguma das hipóteses previstas no art. 312 do Código de Processo Penal (*periculum in mora*). Não demonstrada a ocorrência da necessidade da medida constritiva, impõe-se a concessão da liberdade provisória.

2. Fundando-se a concessão da Ordem em motivos de caráter exclusivamente objetivo, impõe-se a sua extensão a co-réu. Inteligência do art. 580 do Código de Processo Penal. Ordem concedida.[6] (TJGO – 1ª Câm. Criminal; HC nº 200704848320-Goiânia-GO; Rel. Des. Juraci Costa; j. 15/1/2008; v.u.)

Ao analisar jurisprudência supracitada, verifica-se que a prisão preventiva é uma medida de exceção que somente deve ser imposta quando estiverem presentes os pressupostos previstos em lei, ou seja, o *fumus boni iuris* e o *periculum in mora*.

3.3 Circunstâncias autorizadoras

3.3.1 Garantia da ordem pública

A primeira hipótese em que a prisão preventiva pode ser decretada é quando for necessária para a "garantia da ordem pública" – termo que, por ser extremamente vago, gera muita controvérsia na doutrina e na jurisprudência, conforme será discutido ao longo deste capítulo. Apesar da indeterminação do termo, "garantia da ordem pública" é a fundamentação que mais dá causa à decretação desse tipo de prisão cautelar. E, de certa forma, é pacífico pela jurisprudência dos tribunais superiores o entendimento de que esse termo não significa o clamor social causado pela mídia em geral.

Alguns doutrinadores entendem que uma situação em que a prisão preventiva pode ser decretada para a garantia da ordem pública é aquela em que o acusado demonstra de forma concreta que pode

---

[6] Boletim da Associação dos Advogados de São Paulo (BAASP). 2.628/1682-e, de 18/05/2009.

voltar a cometer crimes contra a mesma vítima ou outras pessoas se permanecer em liberdade. Isto é, sua principal finalidade é afastar os criminosos habituais do convívio social.

Quanto ao assunto, leciona Aury Lopes Júnior:

> Garantia da ordem pública: por ser um conceito vago, indeterminado, presta-se a qualquer *senhor*, diante de uma maleabilidade conceitual, apavorante [...] Não sem razão, por sua vagueza e abertura, é o fundamento preferido, até porque ninguém sabe ao certo o que quer dizer... Nessa linha, é recorrente a definição de risco para a ordem pública como sinônimo de "clamor público", de crime que gera um abalo social, uma comoção na comunidade, que perturba a "tranquilidade". Alguns, fazendo a confusão de conceitos ainda mais grosseira, invocam a "gravidade" ou brutalidade" do delito como fundamento da prisão preventiva. Também há quem recorra à "credibilidade das instituições" como fundamento legitimamente da segregação, no sentido de que, se não houver a prisão, o sistema de administração de justiça perderá credibilidade. A prisão seria um antídoto para a omissão do Poder Judiciário, Polícia e Ministério Público. É prender para reafirmar a "crença" no aparelho estatal repressor.[7]

A garantia da ordem pública não quer dizer que a gravidade em abstrato do crime por si só pode servir de base para a decretação dessa modalidade de prisão cautelar, tendo em vista que paira sobre qualquer acusado o manto constitucional da presunção de inocência, de modo que ninguém será considerado culpado até o trânsito em julgado da sentença penal condenatória.

> PROCESSO PENAL – HABEAS CORPUS – PRISÃO PREVENTIVA – PERICULUM LIBERTATIS – MOTIVOS CONCRETOS. IMPRESCINDIBILIDADE. FALTA DE FUNDAMENTAÇÃO. GRAVIDADE EM ABSTRATO DO DELITO. CLAMOR PÚBLICO. FUGA DO DISTRITO DA CULPA POR TEMOR A REPRESÁLIA DA FAMÍLIA DAS VÍTIMAS. REQUISITOS INSUFICIENTES. CONSTRANGIMENTO ILEGAL CARACTERIZADO. ORDEM CONCEDIDA.
>
> 1. A decretação da prisão preventiva deve, necessariamente, estar amparada em um dos motivos constantes do art. 312 do Código de Processo Penal e, por força dos arts. 5º, inciso XLI, e 93, inciso IX, da

---

[7] LOPES JÚNIOR, Aury. *Prisões cautelares*. São Paulo: Saraiva, 2013. p. 93.

Constituição da República, o Magistrado está obrigado a apontar os elementos concretos ensejadores da medida.

2. No ordenamento constitucional vigente, a liberdade é regra, excetuada apenas quando concretamente se comprovar, em relação ao indiciado ou réu, a existência de *periculum libertatis*.

3. A gravidade do crime não pode servir como motivo *extra legem* para decretação da prisão provisória.

4. Suposto clamor público, considerando que o fato ocorreu em pequena localidade, não é suficiente para a segregação cautelar para a garantia da ordem pública.

5. Ordem concedida.[8] (STJ – 6ª T.; HC nº 88.821-MT; Rel. Juiz convocado do TRF da 1ª Região Carlos Fernando Mathias; j. 22/11/2007; v.u.).

A revolta da população em virtude de uma acusação feita a determinada pessoa não se enquadra no termo "garantia da ordem pública", embora possa induzir o magistrado a cometer erros irreparáveis, uma vez que o Poder Judiciário está subordinado à lei, e não à opinião da maioria, que muitas vezes é facilmente manipulável.

Essa hipótese de cabimento de decretação da prisão preventiva tem finalidade de prevenção geral, ou seja, trata-se de um meio de defesa social. Inversamente, a periculosidade do agente pode servir de base para eventual encarceramento cautelar.

Assim, não age de forma adequada o magistrado que decreta a prisão de alguém como forma de intimidar outras pessoas por meio do exemplo, porque essa postura afasta o caráter instrumental da providência acautelatória processual do instituto jurídico em questão.

É importante destacar também que o fato de o acusado ser privilegiado financeiramente não pode servir como critério para a decretação da prisão preventiva na hipótese em tela, pois o indivíduo bem abastado não deve receber tratamento diferente dos demais.

Há quem acredite que a prisão preventiva pode ser decretada quando o agente comete um delito e que sua liberdade coloca à prova a credibilidade da justiça. Também se argumenta que a decretação da prisão preventiva em algumas situações é necessária para salvaguardar integridade do próprio preso. Todavia, ousa-se discordar de ambas as

---

[8] Boletim da Associação dos Advogados de São Paulo (BAASP). 2.598/4930-j, de 20/10/2008.

argumentações, considerando-se o princípio da presunção da inocência e o fato de existirem outras maneiras de resguardar a vida de alguém.

Verifica-se, então, que a primeira hipótese de decretação da prisão preventiva tem clara finalidade de prevenção social, podendo ser decretada apenas se for demonstrado que a sociedade sofrerá riscos caso o investigado ou acusado permaneça em liberdade.

3.3.2 Garantia da ordem econômica

A segunda circunstância em que a prisão preventiva pode ser decretada é quando se faz necessária para a "garantia da ordem econômica". Essa circunstância foi inserida no art. 312 do Código de Processo Penal, por disposição do art. 86 da Lei n. 8.884 (lei antitruste), de 11 de junho de 1994, tendo sido mantida pela Lei n. 12.403/2011.

De acordo com a lei antitruste, infringem a ordem econômica:

- a eventual limitação, falsificação ou qualquer outra forma de prejudicar a livre-concorrência ou a livre-iniciativa;
- a dominação do mercado relevante de bens e serviços;
- o aumento arbitrário de lucros;
- o exercício abusivo de posição dominante.

Esse conceito assemelha-se muito ao da garantia da ordem pública, com a diferença de estar relacionado a crimes contra a ordem econômica.

Sobre esse assunto, ensina o jurista Roberto Delmanto Junior:

> Apesar da criminalidade econômica, *a priori* e de forma aparente, não ameaçar tão diretamente o cidadão, quanto o ameaça a delinquência violenta, que lhe está mais próxima, e não nos distantes e altos escalões do Governo, ou na quase intangível órbita em que se dão as decisões daqueles que presidem enormes grupos empresariais, é de se atentar para o fato de que as consequências advindas desse tipo de criminalidade, muitas vezes, envolvem um número enorme de pessoas e são tão prejudiciais à sociedade quanto o é a criminalidade violenta.[9]

---

[9] DELMANTO JUNIOR, Roberto. *As modalidades de prisão provisória e seu prazo de duração*. São Paulo: Renovar, 2001. p. 191-192.

Os crimes contra a ordem econômica estão previstos em diversos dispositivos legais, conforme entendimento jurisprudencial:

> PROCESSO PENAL – HABEAS CORPUS. PRISÃO PREVENTIVA. FRAUDES BANCÁRIAS. INTERNET. AGENTE CUJA LIBERDADE, POR SI SÓ, É INSUFICIENTE PARA PROVOCAR QUALQUER LESÃO À ORDEM ECONÔMICA. DESPROPORCIONALIDADE DA MEDIDA. REVOGAÇÃO DA SEGREGAÇÃO.

Uma vez desarticulada sofisticada organização criminosa voltada à prática de fraudes ao sistema bancário através da rede mundial de computadores, nada mais justifica a segregação preventiva do agente com o objetivo de obstaculizar o cometimento de novos delitos e, por conseguinte, a perpetuação do malferimento à ordem econômica, sobretudo na hipótese de o investigado não possuir o conhecimento técnico-computacional necessário à retomada das ações delituosas.[10] (TRF – 4ª Região – 8ª T.; HC nº 2006.04.00.006021-7-SC; Rel. Des. Federal Paulo Afonso Brum Vaz; j. 15/3/2006; v.u.).

Embora a prisão preventiva seja relevante nesses casos, muitas vezes o confisco de patrimônio do agente surte mais efeito, haja vista que, em organizações criminosas desse tipo, o bloqueio patrimonial rompe laços importantes. Portanto, nessas situações, é de suma importância a colaboração de organismos nacionais como a Receita Federal do Brasil e órgãos internacionais de identificação de fundos patrimoniais ilegais.

Conclui-se, então, que a decretação da prisão preventiva para garantia da ordem econômica, mesmo sendo pouco utilizada, surge como tutela ao risco decorrente de condutas que, levadas a efeito pelo agente, podem afetar a tranquilidade e a harmonia das atividades financeiras como um todo.

3.3.3 Conveniência da instrução criminal

A decretação da prisão preventiva com fundamento na "conveniência da instrução criminal" também é uma hipótese muito utilizada pelo Poder Judiciário, pois visa a resguardar o correto desenvolvimento do processo-crime na fase de coleta de provas.

---

[10] Boletim da Associação dos Advogados de São Paulo (BAASP). 2.484/4004-j, de 14/08/2006.

Esse fundamento tem a finalidade de impedir que o acusado perturbe ou impeça a produção de provas durante a instrução do processo penal por meio de ameaça ou suborno de testemunhas, vítimas, juízes, promotores e peritos ou pela destruição de documentos.

O jurista Renato Marcão ensina que esse fundamento legal tem o objetivo de colocar a salvo de influências deletérias a prova:

> Neste caso, a prisão do investigado ou acusado tem por objetivo colocar a salvo de suas influências deletérias a prova que deverá ser colhida na instrução do feito e avaliada quando do julgamento do processo. Visa à preservação da verdade real, ameaçada por comportamento do agente contrário a este objetivo.[11]

Nesses casos, a decretação da prisão preventiva é importante para que a produção de prova seja feita de forma livre. Todavia, a jurisprudência entende que esse tipo de restrição cautelar da liberdade deve ser aplicado sempre em caráter de exceção:

> HOMICÍDIO TENTADO – Liberdade provisória. Decisão que revogou a prisão em flagrante restabelecida. A ausência do acusado não é motivo hábil para comprometer a instrução criminal, não sendo motivo suficiente para a decretação da prisão provisória. A prisão cautelar como medida de conveniência da instrução deve ser interpretada sempre como exceção, aplicada somente quando sem ela a instrução não se faria ou se deturparia. Sobre a hediondez do delito não é fato impeditivo de liberdade provisória, haja vista princípios constitucionais regentes da matéria. Não estando demonstrada a necessidade concreta da alteração da decisão que revogou a prisão em flagrante dos imputados, concede-se a ordem pleiteada para restabelecer a decisão que revogou prisão em flagrante, expedindo-se alvarás de soltura clausulados em favor dos pacientes.[12] (TJSP – 1ª Câm. Criminal; HC nº 460.349-3/9-00-Sumaré-SP; Rel. Des. Márcio Bártoli; j. 31/5/2004; v.u.).

Como nos demais fundamentos para a decretação da prisão preventiva, é necessária a existência de elementos concretos, não podendo o julgador amparar-se em meras suposições.

---

[11] MARCÃO, Renato. *Prisões cautelares, liberdade provisória e medidas cautelares restritivas.* São Paulo: Saraiva, 2012. p. 161.

[12] Boletim da Associação dos Advogados de São Paulo (BAASP). 2.427/3549-j, de 11/07/2005.

Também não se deve confundir a possibilidade da decretação da prisão preventiva baseada na conveniência da instrução criminal com o direito que o acusado tem de não produzir prova contra si mesmo. Isso significa que o fato de o acusado não comparecer ao seu interrogatório, por si só, não pode ser uma motivação para a decretação da prisão preventiva.

Assim, encerrada a instrução processual, se a prisão estiver fundamentada apenas na "conveniência da instrução criminal", não haverá mais razão para que a prisão preventiva seja mantida.

3.3.4 Garantia da futura aplicação da lei penal

De acordo com o *caput* do art. 312 do Código de Processo Penal, a última hipótese para a decretação da prisão preventiva ocorre quando a prisão cautelar for necessária para "assegurar a aplicação da lei penal". Em determinadas situações, é possível decretar a prisão preventiva do acusado para que este não fuja de suas responsabilidades perante a Justiça, tornando inócua eventual sentença condenatória.

Como nas demais hipóteses, para a decretação da prisão preventiva é necessário haver circunstâncias concretas de eventual risco de fuga (*periculum libertatis*), e não apenas suposições. É comum os acusados, ao tomarem ciência do processo-crime, tentarem fugir da comarca do distrito da culpa ou mesmo do país, receosos de uma eventual sentença condenatória que poderá acarretar na privação de sua liberdade por meio da retirada repentina de passaporte e pela impossibilidade de compra de passagens aéreas ou rodoviárias.

Outra situação que pode ensejar a decretação da prisão preventiva pelo fundamento em questão é a comprovação de que o acusado vem tentando dilapidar seu patrimônio, no intuito de esquivar-se de suas responsabilidades penais e civis.

Quanto ao assunto em questão, leciona o professor Guilherme de Souza Nucci:

> A garantia de aplicação da lei penal também é limitada. Vincula-se, precipuamente, à potencial fuga do agente, evitando qualquer eficiência punitiva estatal. Não se trata de presunção de fuga, mas de colheita de dados reais, indicativos da possibilidade de saída do âmbito

do controle do Estado. Somente o caso concreto poder evidenciar essa potencialidade de desaparecimento do cenário processual...[13]

A nova redação do art. 320 do Código de Processo Penal, inclusive, dada pela Lei n. 12.403 de 4 de maio de 2011, admite a possibilidade de intimação do agente para que entregue seu passaporte no prazo de 24 horas.

Assim, esse tipo de fundamentação é de suma relevância, mas deve sempre estar amparado em fatos concretos e reais, afastando-se eventuais presunções descabidas, a fim de evitar o arbítrio estatal.

3.4 Requisitos

Além dos dois pressupostos estabelecidos para a decretação da prisão preventiva (*fumus boni iuris* e *periculum in mora*), é necessário também o preenchimento de alguns requisitos previstos legalmente.

Como primeiro requisito, estabelece o art. 313 do Código de Processo Penal que a prisão preventiva é cabível apenas na prática de crimes dolosos punidos com pena privativa de liberdade superior a 4 anos.

Diante do teor desse texto, conclui-se que não é possível a decretação de prisão preventiva na hipótese de acusação de prática de crime culposo nem nos crimes cuja pena privativa de liberdade seja igual ou inferior a 4 anos.

Nesse sentido, segue a jurisprudência:

> HABEAS CORPUS – LEI Nº 9.503/97 – CRIME CULPOSO DE LESÃO CORPORAL PRATICADO NA DIREÇÃO DE VEÍCULO AUTOMOTOR – CONDENAÇÃO – PRISÃO CAUTELAR – ILEGALIDADE.
>
> I – De acordo com a previsão contida no art. 313, caput, do Código De Processo Penal, só se admite prisão preventiva nos crimes dolosos.
>
> II – Ordem concedida.[14]

Já em casos de crimes punidos com pena privativa de liberdade igual ou inferior a 4 anos de acordo com do art. 312 do Código de

---

[13] NUCCI, Guilherme de Souza. *Prisão, medidas alternativas e liberdade.* 5. ed. São Paulo: Forense, 2017. p. 93-94.

[14] Tribunal de Justiça do Distrito Federal HC: 4231320088070000 DF 0000423-13. 2008.807.0000, Relator: SANDRA DE SANTIS, Data de Julgamento: 14/02/2008, 1ª Turma Criminal, Data de Publicação: 11/03/2008, DJ-e Pág. 99.

Processo Penal, é possível a decretação da prisão preventiva somente nas seguintes situações:

- quando o agente for reincidente na prática de crime doloso, salvo reabilitação ;

- quando o crime envolver violência doméstica contra mulher, criança, adolescente, idoso, enfermo ou pessoa com deficiência, a fim de garantir a execução de medidas protetivas de urgência;

- quando não for possível a identificação do investigado ou do acusado, por motivos diversos, principalmente quando se tratar de estrangeiros não residentes no território nacional;

- em caso de descumprimento de quaisquer das obrigações impostas por força de medidas cautelares.

O último requisito exigido pelo art. 315 do Código de Processo Penal é que toda decisão judicial que decretar a prisão preventiva deve ser fundamentada. Todavia, essa previsão legal é desnecessária diante do teor do art. 93, inciso IX, da Constituição Federal, que reza:

> Art. 93. Lei complementar, de iniciativa do Supremo Tribunal Federal, disporá sobre o Estatuto da Magistratura, observados os seguintes princípios:
>
> [...]
>
> IX – todos os julgamentos dos órgãos do Poder Judiciário serão públicos, e fundamentadas todas as decisões, sob pena de nulidade, podendo a lei limitar a presença, em determinados atos, às próprias partes e a seus advogados, ou somente a estes, em casos nos quais a preservação do direito à intimidade do interessado no sigilo não prejudique o interesse público à informação.

No mesmo sentido, segue a jurisprudência:

> PROCESSUAL PENAL. HABEAS CORPUS. HOMICÍDIO E LESÃO CORPORAL. SENTENÇA CONDENATÓRIA. NEGATIVA DO DIREITO DE APELAR EM LIBERDADE. CARÊNCIA DE FUNDAMENTAÇÃO IDÔNEA. ORDEM CONCEDIDA.
>
> 1. Deve ser concedido ao réu que permaneceu solto durante quase toda a instrução criminal o direito de apelar em liberdade, salvo quando demonstrada a presença dos requisitos autorizadores da custódia cautelar (art. 312 do CPP).

2. O simples fundamento da existência de sentença condenatória e de circunstâncias judiciais desfavoráveis, aliado à consideração acerca da hediondez do delito, é insuficiente para determinar o recolhimento do réu à prisão para apelar.

3. Ordem concedida para garantir ao paciente o direito de apelar em liberdade, expedindo-se alvará de soltura se por outro motivo não estiver preso.[15] (STJ – 5ª T.; HC nº 66.382-RS; Rel. Min. Arnaldo Esteves Lima; j. 14/11/2006; v.u.).

Diante do exposto, verifica-se que para a decretação da prisão preventiva é necessária a presença dos pressupostos e requisitos previstos em lei.

3.5 Modalidades

Com a entrada em vigor da Lei 12.403/11, houve uma significativa alteração na prisão preventiva, que passou a ter três modalidades: autônoma, convertida e substitutiva.

Além da ramificação em três categorias, a prisão cautelar também adquiriu caráter subsidiário, uma vez em vista que deve ser aplicada em último caso, diante da existência de medidas cautelares que a substituem, conforme art. 282 do Código de Processo Penal.

3.5.1 Prisão preventiva autônoma

Prisão preventiva autônoma é aquela decretada de forma isolada durante a investigação policial ou processo judicial, e está prevista no art. 311, entre outros, do Código de Processo Penal.

Para a decretação dessa modalidade de prisão cautelar, é necessária a presença dos pressupostos, requisitos e circunstâncias legalmente previstos, conforme já comentado.

Com a entrada em vigor da Lei 12.403/2011, a prisão preventiva autônoma deve ser decretada apenas em último caso, haja vista que o juiz, sempre que possível e adequado, deve impor ao caso concreto medidas cautelares diversas da prisão.

Essa modalidade de prisão preventiva pode ser decretada por representação do delegado de polícia ou por requerimento do Ministé-

---

[15] Boletim da Associação dos Advogados de São Paulo (BAASP). 2.510/4211-j, de 12.2.2007.

rio Público ou do ofendido, pois entende-se que, em virtude da inércia do Poder Judiciário e da vigência do sistema processual acusatório que vigora no ordenamento jurídico nacional à luz da Constituição Federal, não pode ser decretada de ofício pela autoridade judicial.

3.5.2 Prisão preventiva convertida

O segundo tipo de prisão preventiva é aquele oriundo de uma prisão em flagrante (pré-cautelar) que foi convertida em medida cautelar a partir de de decisão judicial.

Atualmente, não existe mais a possibilidade de a prisão em flagrante perdurar até o trânsito em julgado da sentença. Portanto, ao receber comunicação de prisão em flagrante por parte da autoridade policial, o juiz competente deve relaxá-la imediatamente, quando for o caso, ou convertê-la em prisão preventiva quando estiverem presentes pressupostos, requisitos e circunstâncias legais, o que geralmente ocorre em sede de audiência de custódia.

Não se trata de soltar alguém que estava preso, mas da possibilidade de converter uma prisão administrativa anteriormente decretada pela autoridade policial em prisão judicial devidamente fundamentada. Assim, quando recebe o auto de prisão em flagrante, o juiz deve, no prazo de 24 horas, analisar se ratifica a prisão flagrancial decretada pela autoridade policial, transformando-a em prisão preventiva, ou se a relaxa imediatamente, colocando o agente em liberdade.

3.5.3 Prisão preventiva substitutiva

A prisão preventiva substitutiva é aquela decretada em substituição à medida cautelar anteriormente adotada e que foi descumprida, conforme art. 282, § 4º, do Código de Processo Penal.

Considerando que em no ordenamento jurídico nacional a liberdade é a regra e a prisão é a exceção, o juiz, sempre que possível, deverá substituir a decretação da prisão preventiva por medida cautelar. Entretanto, caso o juiz imponha eventual medida cautelar substitutiva da prisão preventiva e o agente venha a descumpri-la por algum motivo, a autoridade judiciária poderá substituí-la pela aplicação de prisão preventiva.

Essa modalidade de prisão pode ser decretada independentemente da pena privativa de liberdade determinada, conforme art. 313 do Código de Processo Penal, sob pena de perder sua finalidade.

3.6 Duração

Diante do caráter processual cautelar da prisão preventiva, verifica-se que esse tipo de prisão não pode transpor o trânsito em julgado da sentença definitiva, quando poderá ser transformada em prisão-pena ou imediatamente revogada, a fim de não caracterizar constrangimento ilegal.

Em virtude do princípio da duração razoável do processo, a instrução processual penal não pode exceder os prazos previstos em lei para o seu término, conforme jurisprudência dominante:

> PRISÃO PREVENTIVA – LATROCÍNIO – EXCESSO DE PRAZO – CONSTRANGIMENTO ILEGAL CARACTERIZADO – Tratando de latrocínio, a prisão preventiva, ou a manutenção da provisória pelo flagrante, se justifica como garantia da ordem pública na contenção da onda de violência que se vem alastrando de maneira incontrolável, alarmando a população e intranquilizando as famílias. Contudo, sendo o Brasil signatário da Convenção Americana sobre Direitos Humanos (Decreto nº 678, de 06.11.1992), obrigou-se, via Poder Judiciário, a julgar, dentro de um prazo razoável, toda pessoa detida preventivamente ou ser colocada em liberdade, sem prejuízo de que prossiga o processo. A jurisprudência brasileira, há muito tempo, fixou o prazo de oitenta e um dias para o encerramento dos procedimentos de réu preso provisoriamente. Prazo este que pode ser estendido, se houver uma justificativa. No caso em tela, a revogação da prisão preventiva é a medida a tomar, tendo em vista o constatado excesso de prazo sem uma justificativa razoável. Por ineficiência da Polícia e omissão da autoridade policial, chega-se a um dilatado tempo de cento e oitenta dias, sem que o processo se conclua com a decisão final.[16] (TJRS – Câm. Criminal de Férias; HC nº 699046777; Rel. Des. Sylvio Baptista; j. 24.03.1999) RJ 263/162.

Além disso, no momento de decretar a prisão preventiva de qualquer, acusado o juiz deve atentar-se à pena determinada para o crime questão, sob pena de a prisão cautelar tornar-se mais gravosa do que a própria pena, como ocorre diariamente em muitos casos.

---

[16] Boletim da Associação dos Advogados de São Paulo (BAASP). 2.152/136-m, de 27/03/2000.

3.7 Mandado de prisão

Como a prisão cautelar é um instrumento que restringe diretamente os direitos fundamentais da pessoa humana, a Constituição Federal e a Legislação Processual Penal estabelecem que, para sua decretação, devem ser cumpridas determinadas formalidades, sendo a principal o mandado de prisão.

O mandado de prisão é um documento que corporifica a ordem judicial de prisão (art. 185 do Código de Processo Penal) e que deve ser expedido em duplicata, devendo o executor entregar uma das vias ao preso logo após a prisão, onde este passará recibo no verso.

A formalidade do mandado de prisão é a garantia que todo cidadão brasileiro tem de que não será preso arbitrariamente por qualquer autoridade, salvo nos casos de prisão em flagrante.

O Código de Processo Penal estabelece que, havendo urgência, o juiz competente pode requisitar a prisão de qualquer pessoa por qualquer meio de comunicação, conforme art. 289, parágrafo único.

Em caso de não cumprimento das formalidades legais da prisão preventiva, o executor pode ser responsabilizado pelo crime de abuso de autoridade, conforme teor do art. 4º da Lei n. 4.868/65:

> Art. 4º Constituiu também crime de abuso de autoridade:
> a) ordenar ou executar medida privativa de liberdade individual, sem as formalidades legais ou com abuso de poder.

Sobre essa questão, leciona Fernando Capez:

> Ninguém será recolhido à prisão sem que seja exibido o mandado ao respectivo diretor ou carcereiro, a quem deve ser entregue cópia assinada pelo executor ou apresentada a guia pela autoridade competente. A custódia, sem a observância dessas formalidades, constitui crime de abuso de autoridade (Lei n. 4.898/95), arts. 3º, *a*, e 4º, *a*). No caso de custódia em penitenciária, há necessidade de expedição de guia de recolhimento, nos termos do arts. 105 e 106 da Lei de Execução.[17]

---

[17] CAPEZ, Fernando. *Curso de processo penal*. 24. ed. São Paulo: Saraiva, 2017. p. 314.

Nesse sentido, segue a jurisprudência:

Caracteriza-se o abuso de poder uma vez provado que a medida preventiva de liberdade individual foi ordenada ou executada sem o devido fundamento (RT 1688/357).[18]

CONSTITUCIONAL. PROCESSUAL PENAL. HABEAS CORPUS LIBERATÓRIO. PRISÃO EM FLAGRANTE. AUSÊNCIA DAS FORMALIDADES LEGAIS PARA O CUMPRIMENTO DO MANDADO DE PRISÃO. INEXISTÊNCIA DE FATOS CONCRETOS QUE DENOTEM A NECESSIDADE DA CONSTRIÇÃO. INSUBSISTÊNCIA DE FUNDAMENTOS PARA A MANUTENÇÃO DA PRISÃO PREVENTIVA. CONSTRANGIMENTO ILEGAL CONFIGURADO. CONCESSÃO DO WRIT.

1. Desatendidas as formalidades legais para cumprimento de mandado de prisão preventiva através de Carta Precatória, configura-se ilegal e arbitrária a prisão.

2. A ausência dos pressupostos da medida cautelar, ex vi o art. 312 do Código de Processo Penal e a comprovação das condições pessoais favoráveis do paciente, impõem a concessão da ordem de habeas corpus.

3. Ordem concedida.

PEDIDO DE EXTENSÃO DE BENEFÍCIO DENEGADO. PRESSUPOSTOS DA MEDIDA CAUTELAR CONFIGURADOS. AUSÊNCIA DOS REQUISITOS LEGAIS PARA RESPONDER O PROCESSO EM LIBERDADE. INEXISTÊNCIA DE COMUNICAÇÃO DAS CONDIÇÕES PESSOAIS.

1. A extensão dos efeitos da decisão denegada, vez que o segundo paciente não preenche os requisitos para responder o processo em liberdade.

2. Condições pessoais que não se comunicam.

3.Ordem denegada em relação ao segundo peticionário. (TJ-PI – HC: 201000010002191 PI, Relator: Des. Valério Neto Chaves Pinto, Data de Julgamento: 16/03/2010, 1a. Câmara Especializada Criminal).[19]

Assim, verifica-se que o mandado de prisão é a segurança que todo cidadão brasileiro tem de que não será preso arbitrariamente por qualquer autoridade, o que configura um verdadeiro instrumento de garantia de manutenção do estado democrático de direito.

---

[18] (RT 1688/357)

[19] TJ-PI – HC: 201000010002191 PI, Relator: Des. Valério Neto Chaves Pinto, Data de Julgamento: 16/03/2010, 1a. Câmara Especializada Criminal

Estabelece o art. 283, § 2º, do Código de Processo Penal, que a prisão preventiva pode ser decretada a qualquer hora do dia, desde que sejam respeitadas as restrições relativas à inviolabilidade de domicílio, tendo em vista que, de acordo com o art. 5º, inciso XI, da Constituição Federal, ninguém nele pode adentrar sem o consentimento do morador, salvo nos casos de prisão em flagrante, desastre ou para prestar socorro. Havendo consentimento do morador, a prisão preventiva pode ser cumprida inclusive durante a noite.

Caso o proprietário do imóvel proíba o cumprimento do mandado judicial de prisão preventiva durante o dia, incorrerá nas penas do crime de favorecimento pessoal, conforme art. 348 do Código de Processo Penal. Contudo, no período da noite, estará amparado pela excludente de ilicitude do exercício regular de direito.

Nos termos do art. 284 do Código de Processo Penal, pode-se empregar força somente quando indispensável, conforme apresentado em outro capítulo desta obra.

Assim, verifica-se que o mandado de prisão é um documento indispensável para o cumprimento da prisão preventiva. Em suma, a lei é clara ao estabelecer que ninguém será recolhido à prisão sem que o mandado seja formalmente apresentado ao diretor do estabelecimento prisional, a quem será entregue uma cópia assinada pelo executor, que passará recibo de entrega de preso com declaração de dia e hora, sob as penas da lei.

3.8 Prisão preventiva de caráter especial

3.8.1 Prisão preventiva domiciliar

Estabelece a legislação processual penal que alguns investigados ou acusados podem ter a prisão preventiva convertida em prisão preventiva domiciliar. Esse tipo de prisão tem claro caráter humanitário, pois visa a tutelar o bem maior, que é a dignidade humana.

De acordo com o art. 318 do Código de Processo Penal, a prisão preventiva poderá ser cumprida em regime domiciliar quando o acusado ou investigado for:

- maior de 80 anos;

- extremamente debilitado por motivo de doença grave;

- imprescindível aos cuidados especiais de pessoa menor de 6 anos de idade ou com deficiência;

- gestante;

- mulher com filho de até 12 anos de idade incompletos;

- homem, caso seja o único responsável pelos cuidados do filho de até 12 anos de idade incompletos.

Para converter a prisão preventiva em prisão domiciliar em qualquer das hipóteses especificadas, o juiz exigirá prova idônea dos requisitos da situação em que se encontra o agente. Nesse sentido, o ônus da prova quanto à situação em questão recai sobre o investigado ou acusado.

Essa modalidade de prisão tem a clara finalidade de resguardar direitos e garantias fundamentais da pessoa humana, que poderá ficar exposta no sistema carcerário, principalmente na situação precária em que se encontram os estabelecimentos prisionais no Brasil.

Na primeira hipótese prevista pelo legislador, procurou-se resguardar, acima de tudo, os direitos das pessoas idosas, que podem ter sua pena de morte decretada, em função da precariedade e da superlotação do sistema penitenciário, e esta não é a finalidade da pena, de acordo com as regras do Código Penal brasileiro.

O ideal seria que o legislador tivesse estabelecido a idade de 60 anos para fins de concessão da prisão preventiva domiciliar, de modo que ficasse em consonância com o art. 1º da Lei n. 10.741/03, Estatuto do Idoso, não fazendo distinção entre idosos na legislação federal pátria.

Quanto aos direitos dos idosos, o *caput* do art. 3º da Lei 10.741/03 expressa:

> Art. 3º É obrigação da família, da comunidade, da sociedade e do Poder Público assegurar ao idoso, com absoluta prioridade, a efetivação do direito à vida, à saúde, à alimentação, à educação, à cultura, ao esporte, ao lazer, ao trabalho, à cidadania, à liberdade, à dignidade, ao respeito e à convivência familiar e comunitária.

Nas duas últimas hipóteses, o legislador não se preocupou diretamente com a pessoa do acusado, mas com a situação daquelas que dependem deste para sobreviver e que de alguma maneira passariam a ser um problema a ser resolvido pelo próprio Poder Público.

Além disso, a conversão da prisão preventiva em prisão domiciliar protege os direitos das mulheres encarceradas, que inclusive têm previsão constitucional no art. 5º, inciso L, do texto constitucional:

> L – Às presidiárias serão asseguradas condições para que possam permanecer com seus filhos durante o período de amamentação.

Na situação em questão, o investigado ou acusado não ficará recolhido em seu domicílio apenas no período noturno, mas em período integral, haja vista que se trata de prisão preventiva, fazendo jus, consequentemente, à detração penal.

Quanto ao assunto em questão, comenta o doutrinador Guilherme de Souza Nucci:

> O substituto introduz uma novidade em matéria processual penal, consistente na prisão domiciliar, para fins cautelares. Essa modalidade de prisão somente era conhecida, em nosso sistema, em duas situações: a) não havendo local adequado para o cumprimento da prisão especial, nas hipóteses previstas pelo art. 295 do CPP, segue-se o disposto na Lei 5.256/67, instalando-se o detido em prisão domiciliar; b) em caso de condenação em regime aberto, conforme a conforme a condição pessoal do sentenciado, pode cumprir em prisão domiciliar, nos termos do art. 117 da Lei de Execução Penal.
>
> [...]
>
> O art. 318, na anterior redação, já não tinha aplicação alguma, em face do novo texto constitucional de 1988. Independente de qualquer conduta do acusado, a sentença absolutória sempre teve efeitos imediatos, não se sujeitando aos efeitos suspensivos de eventual recurso de apelação. Afinal, prevalecia o princípio constitucional da presunção de inocência.
>
> A atual redação do art. 318 disciplina os casos admitidos para a prisão domiciliar, como *medida cautelar*, antes da condenação definitiva.[20]

---

[20] NUCCI, Guilherme de Souza. *Prisão, medidas alternativas e liberdade.* 5. ed., São Paulo: Forense, 2017. p. 74.

Seguindo o estabelecido pela Lei n. 5.256/67, posiciona-se a jurisprudência:

> HABEAS CORPUS – ATENTADO VIOLENTO AO PUDOR – VIOLÊNCIA PRESUMIDA – TRANCAMENTO DA AÇÃO – ILEGITIMIDADE ATIVA – INVIABILIDADE -SEGREGAÇÃO CAUTELAR – PEDIDO DE REVOGAÇÃO DA MEDIDA – PRISÃO DOMICILIAR – IDOSO – SAÚDE DEBILITADA – PRESENTES OS REQUISITOS – CONCESSÃO PARCIAL DA ORDEM. I. A ILEGITIMIDADE ATIVA PARA A PERSECUÇÃO PENAL E EVENTUAIS VÍCIOS EM RELAÇÃO AO ADITAMENTO DA DENÚNCIA SÃO QUESTÕES QUE EXIGEM EXAME APROFUNDADO DA PROVA, INVIÁVEL NA VIA ESTREITA DO WRIT. NECESSÁRIA A JUNTADA DE CÓPIA INTEGRAL DOS AUTOS PARA ANÁLISE. II. A PRISÃO EM ESTABELECIMENTO PRISIONAL PODE SER SUBSTITUÍDA PELA DOMICILIAR QUANDO DEMONSTRADA A DEBILIDADE DE SAÚDE, ALIADA À IDADE AVANÇADA DO PACIENTE. III. ORDEM PARCIALMENTE CONCEDIDA.[21] (TJ-DF – HC: 68638820098070000 DF 0006863-88.2009.807.0000, Relator: SANDRA DE SANTIS, Data de Julgamento: 22/06/2009, 1ª Turma Criminal, Data de Publicação: 27/07/2009, DJ-e Pág. 196).

Ao analisar o instituto em questão, observa-se que este tem claro cunho humanitário, uma vez que visa a preservar a dignidade da pessoa humana do preso ou das pessoas que deste dependam até o trânsito em julgado da sentença.

Muitas vezes, o Estado, representado pelo Poder Judiciário, deve verificar se privar alguém de sua liberdade antecipadamente não criaria um problema ainda maior para a sociedade, que arcaria com a responsabilidade de resolver outros problemas sociais decorrentes dessa medida.

3.8.2 Prisão especial

Estabelece o art. 295 do Código de Processo Penal que algumas pessoas sujeitas à prisão preventiva ou a qualquer outra prisão cautelar devem ser recolhidas em estabelecimentos prisionais distintos do comum.

---

[21] TJ-DF – HC: 68638820098070000 DF 0006863-88.2009.807.0000, Relator: SANDRA DE SANTIS, Data de Julgamento: 22/06/2009, 1ª Turma Criminal, Data de Publicação: 27/07/2009, DJ-e Pág. 196

A mesma legislação estabelece que, não havendo cela especial, o preso poderá ser incluído em estabelecimento prisional comum, mas em cela distinta, que inclusive pode ser coletiva.

As pessoas que têm direito à cela especial, conforme art. 295 do Código de Processo Penal, são:

- ministros de Estado;
- governadores ou interventores de estados ou territórios;
- prefeito do Distrito Federal e seus respectivos secretários;
- prefeitos municipais, vereadores e chefes de Polícia;
- membros do Parlamento Nacional, do Conselho de Economia Nacional e das Assembleias Legislativas dos Estados;
- cidadãos inscritos no "Livro de Mérito";
- oficiais das Forças Armadas e militares dos estados, do Distrito Federal e dos territórios;
- magistrados;
- diplomados por quaisquer faculdades superiores da República;
- ministros de confissão religiosa;
- ministros do Tribunal de Contas;
- cidadãos que já tiverem exercido efetivamente a função de jurado, salvo quando excluídos da lista por motivo de incapacidade para o exercício daquela função;
- delegados de polícia e guardas-civis dos estados e territórios, ativos e inativos.

Essa garantia prevista pela legislação processual penal visa a separar dos demais presos as pessoas que, em sua grande maioria, são públicas ou têm contato direto ou indireto com a atividade policial ou com o Poder Judiciário. O que poucos sabem é que essa prerrogativa perdura somente até o trânsito em julgado da sentença penal condenatória, uma vez que, após a decisão condenatória definitiva, o condenado deve ser incluído no sistema carcerário comum.

Assim, se o condenado responder todo o processo-crime em liberdade e for posteriormente condenado a cumprir pena privativa de liberdade, não terá direito a cela especial quando ingressar no sistema penitenciário para cumprimento de sua pena.

Sobre esse assunto, segue a jurisprudência Superior Tribunal de Justiça:

> PENAL – PROCESSUAL – TÓXICOS – PRISÃO ESPECIAL – "HABEAS-CORPUS" – RECURSO – I. Não havendo cela especial na Cadeia Pública nem alojamento condigno no quartel em que for recolhido o preso com direito à prisão especial, poderá o juiz determinar que ele fique na Cadeia Pública em cela separada, isolado dos demais detentos. II. A prisão domiciliar só pode ocorrer nas hipóteses admitidas pela Lei de Execuções Penais, artigo 117. III – Recurso conhecido, mas improvido.[22] (STJ – 5ª T.; Rec. de HC nº 2.098-6-MG; rel. Min. Edson Vidigal; j. 02.09.1992; v.u.; DJU, Seção I, 05.10.1992, p. 17.112, ementa.).

Verifica-se, portanto, que o direito a cela especial tem a finalidade de garantir segurança para que alguns presos provisórios que não sofram represálias em decorrência da função ou do cargo que exerciam antes de serem recolhidos ao cárcere.

3.8.3 Prisão preventiva em sala de Estado-Maior

Advogados, juízes e promotores, quando tiverem prisão cautelar decretada, devem permanecer recolhidos em sala de Estado-Maior.

Estabelece o art. 33 da Lei Complementar n. 35/79, Lei Orgânica da Magistratura, que:

> Art. 33. São prerrogativas do magistrado:
>
> [...]
>
> III – ser recolhido a prisão especial, ou a sala especial de Estado-Maior, por ordem e à disposição do Tribunal ou do órgão especial competente, quando sujeito a prisão antes do julgamento final.

No mesmo sentido, o art. 40 da Lei n. 8.625/93, Lei Orgânica do Ministério Público, estabelece que:

> Art. 40. Constituem prerrogativas dos membros do Ministério Público, além de outras previstas na Lei Orgânica:

---

[22] Boletim da Associação dos Advogados de São Paulo (BAASP). 1.778/32-e, de 20/01/1993.

[...]

V – ser custodiado ou recolhido à prisão domiciliar ou à sala especial de Estado Maior, por ordem e à disposição do Tribunal competente, quando sujeito a prisão antes do julgamento final.

Estabelece ainda o art. 7º, inciso V, da Lei n. 8.906/94, Estatuto da Advocacia e da Ordem dos Advogados do Brasil, que:

Art. 7º São direitos do advogado:

[...]

V – não ser recolhido preso, antes de sentença transitada em julgado, senão em sala de Estado Maior, com instalações e comodidades condignas, assim reconhecidas pela OAB, e, na sua falta, em prisão domiciliar.

A grande celeuma, porém, não é o direito de permanecer preso em sala de Estado-Maior, e sim a ausência de prisões desse modelo no Brasil.

O Estatuto da Ordem dos Advogados do Brasil estabelece que, na ausência de sala de Estado-Maior, a prisão processual deve ser convertida em prisão domiciliar, situação realmente vem ocorrendo conforme entendimento jurisprudencial dominante:

HABEAS CORPUS – ADVOGADO – PRISÃO PROVISÓRIA – SALA DE ESTADO-MAIOR – PRERROGATIVA DE CLASSE – RECOLHIMENTO EM DISTRITO POLICIAL – CELA QUE NÃO ATENDE A REQUISITOS LEGAIS – SITUAÇÃO DEMONSTRADA POR DOCUMENTOS E RECONHECIDA PELO SUPERIOR TRIBUNAL DE JUSTIÇA EM OUTRO PROCESSO – DILAÇÃO PROBATÓRIA – DESNECESSIDADE – PRISÃO DOMICILIAR DEFERIDA.

1 – Habeas corpus impetrado contra acórdão do Superior Tribunal de Justiça que, em reclamação, rejeitou o argumento de inobservância da ordem deferida no HC nº 15.873-STJ em favor do paciente, advogado, a fim de que fosse transferido para local condizente com as prerrogativas legais da classe. Alegação de simples deslocamento de um distrito policial para outro, mantidas as condições incompatíveis com a prisão especial garantida por lei.

2 – Bacharel em Direito, regularmente inscrito na Ordem dos Advogados do Brasil. Lei nº 8.906/94, art. 7º, inciso V. Recolhimento em sala de Estado-Maior, até o trânsito em julgado da sentença penal

condenatória. Direito público subjetivo, decorrente de prerrogativa profissional, que não admite negativa do Estado, sob pena de deferimento de prisão domiciliar.

3 – Incompatibilidade do estabelecimento prisional em que recolhido o paciente, demonstrada documentalmente pela Ordem dos Advogados do Brasil-SP e reconhecida pelo Superior Tribunal de Justiça no HC nº 16.056. Necessidade de dilação probatória para o deferimento do "writ". Alegação improcedente. Ordem deferida para assegurar ao paciente seu recolhimento em prisão domiciliar. (STF – 2ª T.; HC nº 81.632-1-SP; Rel. Min. Carlos Velloso; j. 20/8/2002; maioria de votos.)[23] Nota: A íntegra deste acórdão encontra-se disponível, para cópia, na Biblioteca e no site do STF, www.stf.gov.br.

HABEAS CORPUS – ADVOGADO – PRISÃO PROVISÓRIA – SALA DE ESTADO-MAIOR – PRERROGATIVA DE CLASSE – RECOLHIMENTO EM DISTRITO POLICIAL – CELA QUE NÃO ATENDE A REQUISITOS LEGAIS – SITUAÇÃO DEMONSTRADA POR DOCUMENTOS E RECONHECIDA PELO SUPERIOR TRIBUNAL DE JUSTIÇA EM OUTRO PROCESSO – DILAÇÃO PROBATÓRIA – DESNECESSIDADE – PRISÃO DOMICILIAR DEFERIDA.

1 – Habeas corpus impetrado contra acórdão do Superior Tribunal de Justiça que, em reclamação, rejeitou o argumento de inobservância da ordem deferida no HC nº 15.873-STJ em favor do paciente, advogado, a fim de que fosse transferido para local condizente com as prerrogativas legais da classe. Alegação de simples deslocamento de um distrito policial para outro, mantidas as condições incompatíveis com a prisão especial garantida por lei.

2 – Bacharel em direito, regularmente inscrito na Ordem dos Advogados do Brasil. Lei nº 8.906/94, art. 7º, inciso V. Recolhimento em sala de Estado-Maior, até o trânsito em julgado da sentença penal condenatória. Direito público subjetivo, decorrente de prerrogativa profissional, que não admite negativa do Estado, sob pena de deferimento de prisão domiciliar.

3 – Incompatibilidade do estabelecimento prisional em que recolhido o paciente, demonstrada documentalmente pela Ordem dos Advogados do Brasil-SP e reconhecida pelo Superior Tribunal de Justiça no HC nº 16.056. Necessidade de dilação probatória para o deferimento do writ. Alegação improcedente. Ordem deferida para assegurar ao paciente seu recolhimento em prisão domiciliar. (STF

---

[23] Boletim da Associação dos Advogados de São Paulo (BAASP). 2.314/701-e, de 12/05/2003.

– 2ª T.; HC nº 81.632-1-SP; Rel. Min. Maurício Corrêa; j. 20/8/2002; m.v.)[24] RTJ 184/640 e site www.stf.gov.br

Assim, verifica-se que essa modalidade de prisão tem a finalidade de resguardar, com certa cautela, profissionais que tinham contato direito com o Poder Judiciário, seja acusando, defendendo ou julgando.

3.9 Medidas cautelares substitutivas da prisão preventiva

A fim de impedir o contato do acusado com o sistema penitenciário, e tentando diminuir a superpopulação carcerária, a Lei n. 12.403/2011 criou algumas medidas cautelares substitutivas da prisão preventiva que devem ser aplicadas pelo Poder Judiciário quando possível.

Via de regra, a prisão de alguém antes do trânsito em julgado da sentença condenatória configura uma contradição jurídica, porque priva o acusado de seu direito constitucional fundamental de ir e vir antes mesmo que tenha sido julgado por meio de um devido processo legal.

Assim, a prisão preventiva passou a ter caráter subsidiário perante as medidas cautelares, devendo ocorrer somente quando não for cabível a aplicação de nenhuma das medidas cautelares previstas no art. 319 do Código de Processo Penal ou em legislação processual especial.

Estabelece o art. 282 do Código de Processo Penal que as medidas cautelares devem ser aplicadas, quando necessário, para: aplicação da lei penal, investigação criminal, instrução criminal e prevenção da prática de novas infrações penais. Essas medidas podem ser aplicadas isolada ou cumulativamente, considerando-se a adequação da medida à gravidade do crime, às circunstâncias do fato e às condições pessoais do indiciado ou acusado. Podem ser decretadas de ofício pelo juiz, a requerimento do Ministério Público ou por representação da autoridade policial.

Ressalvados os casos de urgência ou de perigo de ineficácia da medida, o juiz, ao receber o pedido de medida cautelar, determinará a intimação da parte contrária para que exerça seu direito constitucional à ampla defesa e ao contraditório.

---

[24] Boletim da Associação dos Advogados de São Paulo (BAASP). 2.486/441-m, de 28/08/2006.

Dispõe o art. 282, § 4º, do Código de Processo Penal que, no caso de descumprimento de quaisquer das obrigações impostas, o juiz, de ofício ou mediante requerimento do Ministério Público, de seu assistente ou do querelante, poderá substituir a medida cautelar por outra, impor nova em cumulação ou, em último caso, decretar a prisão preventiva (CPP, art. 312, parágrafo único).

O § 5º do mesmo diploma legal dispõe que o juiz, se verificar falta de motivo para que subsista sua manutenção, poderá revogar a medida cautelar ou substituí-la, bem como voltar a decretá-la, se sobrevierem razões que a justifiquem.

A criação de medidas cautelares substitutivas da prisão preventiva era uma exigência que vinha sendo feita pela doutrina contemporânea, conforme ensinamentos de Fabio Machado de Almeida Delmanto:

> Portanto, pressuposto lógico das medidas substitutivas ou alternativas é que elas possam cumprir, com a mesma eficácia, o papel que a prisão desempenhava no processo, com a vantagem de não se enviar ou manter o acusado no cárcere. Em outras palavras, elas devem ser adequadas a afastar o perigo que ensejou a decretação da prisão ou que está a ensejá-la.[25]

Nessa esteira, o legislador foi claro ao estabelecer, no § 6º do art. 282 do Código de Processo Penal, que a prisão preventiva será determinada quando não for cabível sua substituição outra por medida cautelar. O Código de Processo Penal estabelece, nos incisos de seu art. 319, que as medidas cautelares consistem em:

- comparecimento periódico em juízo;
- proibição de acesso ou frequência a determinados lugares;
- proibição de contato com pessoa determinada;
- proibição de ausentar-se da comarca;
- recolhimento domiciliar no período noturno;
- suspensão do exercício de função ou atividade;
- internação provisória;

---

[25] DELMANTO, Fabio Machado de Almeida. *Medidas substitutivas e alternativas à prisão cautelar.* Rio de Janeiro: Renovar, 2008. p. 293.

- fiança;

- monitoramento eletrônico.

3.9.1 Comparecimento periódico em juízo (inciso I)

A primeira medida cautelar prevista no art. 319 do Código de Processo Penal é o comparecimento periódico em juízo do acusado, no prazo e nas condições fixadas pelo juiz da causa, para informar e justificar suas atividades.

A medida cautelar em questão é de suma importância, já que, diversas vezes, em virtude do baixo grau de instrução da maioria dos acusados, muitos creem que, pelo simples fato de estarem em liberdade durante o processo, não têm mais responsabilidades para com a justiça. Dessa maneira, tendo de comparecer periodicamente em juízo, o acusado não se afasta dos olhos da justiça e, ao mesmo tempo, cria um senso de responsabilidade pela acusação que lhe é feita.

3.9.2 Proibição de acesso ou frequência a determinados lugares (inciso II)

O juiz criminal em sede de medida cautelar pode proibir que o agente tenha acesso ou frequência a determinados lugares quando, por circunstâncias relacionadas ao fato, for orientado a permanecer distante desses locais, a fim de evitar o risco de novas infrações.

3.9.3 Proibição de contato com pessoa determinada (inciso III)

O juiz criminal pode proibir que o agente mantenha contato com pessoa determinada, quando, por circunstâncias relacionadas ao fato, for orientado a dela permanecer distante, preservando-se principalmente a integridade física das pessoas envolvidas.

3.9.4 Proibição de ausentar-se da comarca (inciso IV)

Quando o juiz entender que é conveniente ou necessário para a instrução criminal ou para a investigação, poderá proibir que o agente se ausente da comarca, informando as autoridades encarregadas de fiscalizar as saídas do território nacional e intimando o mesmo a entregar o passaporte no prazo de 24 horas.

3.9.5 Recolhimento domiciliar no período noturno (inciso V)

Quando o agente tiver residência e trabalho fixo, o juiz pode determinar, em sede de medida cautelar, que o agente deve permanecer recolhido no período noturno e nos dias de folga.

3.9.6 Suspensão do exercício de função ou atividade (inciso VI)

Quando houver justo receio de que o investigado/acusado possa utilizar-se de sua função pública ou atividade de natureza econômica ou financeira para praticar de novas infrações penais, o juiz pode suspende-las até o trânsito em julgado da sentença penal condenatória.

3.9.7 Internação provisória (inciso VII)

Para suprir uma lacuna legislativa e solucionar um grave embate jurisprudencial, atualmente existe a possibilidade de internação provisória do acusado nas hipóteses de crimes praticados com violência ou grave ameaça, quando os peritos concluírem que o agente é inimputável ou semi-imputável e se houver risco de reiteração da prática criminosa.

A referida medida cautelar visa a incluir agentes com condição psiquiátrica diferenciada em estabelecimentos prisionais adequados, tendo em vista que, muitas vezes, a colocação dessas pessoas no sistema penitenciário comum pode gerar problemas de adaptação com os demais detentos.

3.9.8 Fiança (inciso VIII)

Fiança é a garantia oferecida pelo agente à autoridade policial ou judicial, conforme o caso, por meio de depósito em dinheiro, pedras, objetos ou metais preciosos, títulos da dívida pública, federal, estadual ou municipal ou em hipoteca inscrita em primeiro lugar, a fim de assegurar que comparecerá a todos os atos do processo sempre que for intimado.

Nos delitos cuja pena privativa de liberdade máxima não ultrapassa 4 anos, a fiança pode ser arbitrada pelo próprio delegado de polícia. Já nos crimes cuja pena privativa de liberdade máxima for superior a 4 anos, a fiança somente pode ser arbitrada pelo juiz de direito.

O valor da fiança será fixado pela autoridade entre o mínimo de um e o máximo de 100 salários mínimos, nas infrações cuja pena privativa de liberdade determinada no grau máximo for igual ou inferior a 4 anos; e entre o mínimo de 10 e o máximo de 200 salários mínimos quando o máximo da pena privativa de liberdade cominada for superior a 4 anos.

A autoridade também pode, se julgar adequado, dispensar a fiança, reduzir seu valor até o máximo de dois terços ou aumentar seu valor em até 1.000 vezes, considerando a natureza da infração, as condições pessoais de fortuna e vida pregressa do acusado, as circunstâncias indicativas de sua periculosidade, bem como a importância provável das custas do processo até o fim do julgamento.

Em todos os juízos criminais e delegacias de polícia, há um livro especial, com termo de abertura e de encerramento, numerado e rubricado pela autoridade em todas as folhas, destinado especialmente aos termos da fiança. Esse documento será lavrado pelo escrivão e assinado pela autoridade e por quem prestar a fiança, e dele será extraída a certidão para se juntar aos autos.

A fiança será sempre definitiva e consistirá, conforme mencionado, em depósito em dinheiro, pedras, objetos ou metais preciosos, títulos da dívida pública, federal, estadual ou municipal ou hipoteca inscrita em primeiro lugar, e esses bens devem ser avaliados por perito nomeado pela autoridade.

Nos casos em que o depósito não puder ser feito imediatamente, de acordo com a Resolução n. 224, de 31 de maio de 2016, do Conselho Nacional de Justiça, o valor deverá ser entregue ao escrivão ou a pessoa abonada a critério da autoridade, e posteriormente receberá o destino que prevê a lei. Todo esse trâmite constará no termo de fiança.

Se o agente, quando intimado para qualquer ato do processo, deixar de comparecer sem motivo justificável, praticar ato de obstrução ao andamento do processo, descumprir medida cautelar imposta, resistir injustificadamente à ordem judicial ou praticar nova infração penal dolosa, terá sua fiança considerada quebrada, perdendo metade do valor para o fundo penitenciário nacional, e ainda pode ter sua prisão preventiva decretada, a critério do juiz.

70 Prisão Preventiva à Luz da Constituição Federal

Transitada em julgado a sentença, e havendo absolvição do agente, a fiança será integralmente devolvida, com atualização de valor, se tiver sido feita em dinheiro. Contudo, se houver condenação, serão descontadas custas processuais, prestação pecuniária, multa e indenização pelo dano causado à vitima, mesmo que já tenha ocorrido a prescrição.

3.9.9 Monitoramento eletrônico (inciso IX)

Para diminuir a população carcerária, e também o custo com a manutenção de detentos, atualmente é possível substituir a prisão preventiva pelo monitoramento eletrônico. Com esse sistema, acusados podem ter a prisão preventiva substituída por tornozeleiras eletrônicas, evitando-se, em algumas situações, o desnecessário contato com o cárcere.

O referido instituto, que não é o tema central deste trabalho, é mais bem regulamentado pela Lei n. 7.210/84, Lei de Execução Penal, em seus arts. 146-A e seguintes, e pelo Decreto 7.627, de 24 de novembro de 2011.

3.10 Revogação

Desaparecendo os pressupostos ou requisitos que ensejaram a decretação da prisão preventiva, essa modalidade prisão deve ser imediatamente revogada pela autoridade que a decretou, sob pena de caracterizar abuso de autoridade, passível de punição conforme teor da Lei n. 4.898/65.

Assim como pode ser revogada, porém, a prisão preventiva também pode voltar a ser decretada a qualquer momento pela autoridade judicial competente, sempre que sobrevierem novas razões que a justifiquem.

Quanto à possibilidade de revogação da prisão preventiva, o Superior Tribunal de Justiça e o Tribunal de Justiça do Estado de São Paulo se posicionam da seguinte maneira:

> PEDIDO DE REVOGAÇÃO DE PRISÃO PREVENTIVA – Réu que tem endereço certo e atividade lícita comprovada; que não registra antecedentes criminais; e que compareceu espontaneamente à instrução

criminal. Revogação da prisão preventiva, em face dos elementos colhidos, sem prejuízo de que outro se profira, se verificados os pressupostos de decretação.[26] (STF – 1ª T.; RHC nº 66.990-5-RJ; rel. Min. Oscar Corrêa; j. 29.11.1988; v.u.; DJU, 10.02.1989, p. 383, ementa.)

PRISÃO PREVENTIVA – REVOGAÇÃO – Cautelar fundada apenas na natureza hedionda do tráfico de entorpecentes, baseado na quantidade da droga. Ausência de qualquer outro indício de tráfico. Requisitos da medida cautelar não demonstrados. Constrangimento ilegal configurado. Ordem concedida.[27] (TJSP – 5ª Câm. Crim.; HC nº 276.442-3-Ribeirão Pires; Rel. Des. Dante Busana; j. 25.02.1999; v.u.) JTJ 219/325.

Ao analisar a jurisprudência, verifica-se que a prisão preventiva tem claro caráter cautelar, devendo ser modificada a qualquer tempo quando desaparecerem ou sobrevierem os requisitos legais previstos no Código de Processo Penal.

---

[26] Boletim da Associação dos Advogados de São Paulo (BAASP). 1.578/67, de 22/03/1989.
[27] Boletim da Associação dos Advogados de São Paulo (BAASP). 2.152/135-m, de 27/03/2000.

4

Da Audiência de Custódia

Cumprindo determinação prevista no art. 7º, item 5, da Convenção Americana de Direitos Humanos (Pacto de San José da Costa Rica; Decreto n. 678, de 6 de novembro de 1992), tratado internacional no qual o Brasil é signatário, a Presidência do Tribunal de Justiça e a Corregedoria Geral de Justiça do Estado de São Paulo, de forma inovadora, por meio do Provimento Conjunto n. 3/2015, aprovaram, em caráter experimental, a realização de audiências de custódia em todo o estado, estabelecendo que todo preso em flagrante delito deve ser apresentado perante a autoridade judiciária no prazo de até 24 horas, para que esta decida se a referida prisão deve ser relaxada ou convertida em prisão cautelar, com ou sem fiança.

> Toda pessoa detida ou retida deve ser conduzida, sem demora, à presença de um juiz ou outra autoridade autorizada pela lei a exercer funções judiciais e tem direito a ser julgada dentro de um prazo razoável ou a ser posta em liberdade, sem prejuízo de que prossiga o processo. Sua liberdade pode ser condicionada a garantias que assegurem o seu comparecimento em juízo.

A principal finalidade dessa audiência é promover contato pessoal da autoridade judiciária com o preso, para que esta analise a real existência dos pressupostos, das hipóteses de cabimento e dos requisitos para a conversão da prisão em flagrante em prisão preventiva. Assim, evita-se que sejam decretadas prisões cautelares desnecessárias, demasiadamente longas ou mesmo ilegais.

O sucesso da criação das audiências de custódia levou tribunais de justiça de diversos outros estados a tomarem a mesma iniciativa, utilizando dispositivos semelhantes aos previstos pelo Tribunal de Justiça do Estado de São Paulo.

Diante da inércia do legislador federal para enfrentar o assunto, e com o intuito de evitar tratamentos muito díspares por parte dos tribunais de todo o país, o Conselho Nacional de Justiça (CNJ), por meio da Resolução n. 213, de 15 de dezembro de 2015, uniformizou a realização das audiências de custódia, dispondo que toda pessoa presa deve ser apresentada perante a autoridade judiciária no prazo de até 24 horas. Nessa audiência, antes de converter a prisão em flagrante em prisão preventiva, o juiz deve, necessariamente, dar a palavra ao representante do Ministério Público e ao defensor do preso, seja ele constituído, público ou dativo, para que, utilizando argumentos fáticos e jurídicos, convença ou não o julgador sobre a real necessidade da decretação da custódia cautelar. É importante destacar que nesse momento, não se discute o mérito da causa, mas apenas os pressupostos, as hipóteses de cabimento e os requisitos da prisão, uma vez que a relação processual ainda não foi estabelecida e que a denúncia nem sequer foi oferecida.

As audiências de custódia ainda são realizadas em todas as comarcas do Brasil, embora nem sempre ocorram aos fins de semana e feriados, principalmente em razão da precária estrutura do Poder Judiciário em algumas localidades.

Os reflexos da criação dessa audiência foram imediatos, evitando o decreto indevido de muitas prisões cautelares, o que teve impacto relevante no já falido sistema penitenciário brasileiro, que provavelmente estaria em uma situação ainda pior que a atual.

Apesar da normatização da audiência da custódia realizada pelo CNJ, considera-se que esta não é a maneira mais adequada de regulamentação do procedimento, visto que, de acordo com o art. 22, inciso I, da Constituição Federal, normas gerais de Direito Processual Penal devem ser criadas por lei federal, e não por normas administrativas, como ocorre no caso em questão. Ainda assim, o Supremo Tribunal Federal, ao analisar a Ação Direta de Inconstitucionalidade proposta pela Associação dos Delegados de Polícia do Brasil (ADEPOL), entendeu que, diante do caráter supralegal do Pacto de San José da Costa Rica, a referida resolução do CNJ não se trata de uma inconstitucionalidade.[1]

---

[1] STF, Pleno, ADI 5.240/SP, Rel. Min. Luiz Fux, j. 20/08/2015.

Em virtude do caráter experimental da audiência de custódia e da ausência de lei federal sobre o assunto, o Superior Tribunal de Justiça (STJ) vem se posicionando no sentido de que a não realização da audiência não invalida a prisão preventiva decretada, desde que esta tenha sido devidamente fundamentada.

> PROCESSO PENAL. AGRAVO REGIMENTAL NO RECURSO ORDINÁRIO EM HABEAS CORPUS. ESTUPRO. AUDIÊNCIA DE CUSTÓDIA. NÃO REALIZAÇÃO. NULIDADE NÃO CONFIGURADA. PRISÃO PREVENTIVA. FORMAÇÃO DE NOVO TÍTULO.
>
> 1. A Sexta Turma desta Corte firmou orientação de que "a não realização de audiência de custódia não é suficiente, por si só, para ensejar a nulidade da prisão preventiva, quando evidenciada a observância das garantias processuais e constitucionais" (AgRg no HC n. 353.887/SP, Rel. Ministro SEBASTIÃO REIS JÚNIOR, SEXTA TURMA, julgado em 19/5/2016, DJe 7/6/2016). De mais a mais, a conversão da custódia em preventiva constitui novo título a justificar a privação da liberdade, ficando, com isso, superada eventual nulidade da prisão em flagrante.
>
> 2. Agravo regimental desprovido. (STJ – AgRg no RHC: 89192 AL 2017/0236591-5, Relator: Ministro ANTONIO SALDANHA PALHEIRO, Data de Julgamento: 05/04/2018, T6 – SEXTA TURMA, Data de Publicação: DJe 12/04/2018).

Analisando o assunto em questão, o professor Válter Kenji Ishida faz algumas críticas:

> *Audiência de custódia.* Significa a apresentação do indiciado preso em flagrante no prazo de 24 horas ao juiz competente. O TJSP através do Provimento n. 03/2015, determinou essa apresentação de forma "gradativa" (art. 1º). Nessa audiência, autuado (em razão do auto de prisão em flagrante) poderá não responder às perguntas e será questionado sobre sua qualificação e condições pessoais (art. 6º, *caput*), não sendo permitidas perguntas que antecipem a instrução (art. 6º, § 1º). Após, o juiz dará a palavra ao MP (art. 6º, § 2º) e ao advogado ou Defensor Público (art. 6º, § 3º). Trata-se de um provimento inconstitucional, pois nitidamente trata de matéria processual penal que deveria ser regulamentada através de lei federal. A matéria é inclusive, alvo de ADI n. 5.240/STF. A audiência de custódia também está disciplinada na Resolução n. 213, de 15/12/2015 do CNJ. No sentido oposto, admitindo a audiência de custódia, por ser regra de aplicação

automática o art. 7º, item 5 da Convenção Americana de Direitos Humanos, Gustavo Henrique Badaró, tendo como consequência, o relaxamento da prisão (parecer em: iddd.org.br/parecer_audiencia_Custodia_Badaro.pdf; acesso em 23-08-2016, 9h55min). Na seara jurisprudencial, decidiu o TJMG que a ausência da audiência de custódia constitui mera irregularidade (HC 10000150489821000, j. 23.07.2015).[2]

Já existe, inclusive, o Projeto de Lei do Senado Federal n. 554/2011, cujo objetivo é alterar o art. 306 do Código de Processo Penal, criando a audiência de custódia por meio de lei federal, para que o preso em flagrante seja apresentado perante a autoridade judiciária no prazo de até 24 horas. A aprovação deste projeto seria muito importante para evitar questionamentos desnecessários a respeito deste assunto tão relevante.

A criação e a implementação da audiência de custódia já representam grandes avanços na tutela dos direitos e garantias fundamentais da pessoa humana, diminuindo a possibilidade de erros e abusos por parte do Estado-Juiz.

---

[2] ISHIDA, Valter Kenji. *Processo penal*. 6. ed. Salvador: JusPodivm, 2018. p. 310.

5

Dos Direitos do Preso Provisório

5.1 Direitos do preso provisório e Lei de Execução Penal

De acordo com a Lei n. 7.210/84, Lei de Execução Penal (LEP), aplicam-se ao preso provisório, no que couber, os direitos garantidos ao preso que estiver cumprindo prisão-pena.

O rol de direitos dos prisioneiros está especificado no art. 41 do mesmo diploma legal e são:

- alimentação suficiente e vestuário;
- atribuição de trabalho e sua remuneração;
- previdência social;
- constituição de pecúlio;
- proporcionalidade na distribuição de tempo para trabalho, descanso e recreação;
- exercício das atividades profissionais, intelectuais, artísticas e desportivas anteriores, desde que compatíveis com a execução da pena;
- assistência material, à saúde, jurídica, educacional, social e religiosa;
- proteção contra qualquer forma de sensacionalismo;
- entrevista pessoal e reservada com advogado;
- visita do cônjuge, da companheira, de parentes e de amigos em dias determinados;

- chamamento nominal;

- igualdade de tratamento (salvo quanto às exigências da indivi-dualização da pena);

- audiência especial com o diretor do estabelecimento;

- representação e petição a qualquer autoridade, em defesa de direito;

- contato com o mundo exterior por meio de correspondência escrita, leitura e outros meios de informação que não comprometam a moral e os bons costumes;

- atestado de pena a cumprir, emitido anualmente, sob pena de responsabilidade da autoridade judiciária competente.

Quanto aos direitos do preso, comenta o jurista Luiz Regis Prado:

> De primeiro, cumpre destacar que o preso, durante o cumprimento da pena, conserva todos os direitos não atingidos pela perda da liberdade, impondo-se a todas autoridades o respeito a sua integridade física e moral (art. 38, CP). Também a Lei de Execução Penal preceitua com clareza que "ao condenado e ao internado serão assegurados todos os direitos não atingidos pela sentença ou pela Lei" (art. 3º). Com efeito, o próprio texto constitucional em vigor determina ser assegurado aos presos "o respeito à integridade física e moral" (art. 5º, XLIX), já que é expressamente previsto que "ninguém será submetido a tortura nem a tratamento desumano ou degradante" (art. 5º, III, CF).[1]

Os referidos direitos são de suma importância para os presos provisórios, tendo em vista a situação de vulnerabilidade em que se encontram até serem julgados. O Estado deve fazer o possível para evitar sequelas desnecessárias em caso de eventual decreto absolutório. Não se trata de rol taxativo de direitos, que pode, inclusive, vir a ser alargado por legislação local (estadual), como ocorre em diversos estados.

Os direitos dos presos, especificados na LEP, cumprem os parâmetros previstos pelas Regras Mínimas para Tratamento de Prisioneiros, adotadas pelo 1º Congresso das Nações Unidas sobre prevenção do

---

[1] PRADO, Luiz Regis. *Curso de Direito Penal Brasileiro*. 12. ed. São Paulo: Revista dos Tribunais, 2012. p. 660-661.

crime e tratamento de delinquentes, realizado em Genebra, em 1955, e aprovada pelo Conselho Econômico e Social da Organização das Nações Unidas (ONU), por meio da Resolução n. 663 C I (XXIV), de 31 de julho de 1957, aditada pela Resolução n. 1984/47, também conhecida como "Regras Mandela".

5.2 Da detração penal

Trata-se de desconto na pena privativa de liberdade e na medida de segurança referente ao período que o acusado ficou preso ou internado provisoriamente.

Quanto à detração penal, leciona Cezar Roberto Bitencourt:

> Através da detração penal permite-se descontar, na pena ou na medida de segurança, o tempo de prisão ou de internação que o condenado cumpriu antes da condenação.

Considerando o caráter aflitivo e punitivo das prisões cautelares, a legislação penal pátria estabelece que o tempo que o acusado passar em prisão cautelar deve ser descontado da condenação definitiva. Essa postura legislativa visa a compensar o período que o acusado permaneceu preso enquanto aguardava seu julgamento.

O instituto da detração penal é previsto no art. 42 do Código Penal, que reza:

> Art. 42. Computam-se, na pena privativa de liberdade e na medida de segurança, o tempo de prisão provisória, no Brasil ou no estrangeiro, o de prisão administrativa e o de internação em qualquer dos estabelecimentos referidos no artigo anterior.

Além da previsão no Código Penal, a detração penal ainda é prevista no art. 111 da LEP, que reza:

> Art. 111. Quando houver condenação por mais de um crime, no mesmo processo ou em processos distintos, a determinação do regime de cumprimento será feita pelo resultado da soma ou unificação das penas, observada, quando for o caso, a detração ou remição.

Questiona-se na doutrina se apenas a prisão preventiva seria passível de detração penal ou se todas as espécies de prisão processual podem ser detraídas. Alguns especialistas, como Luiz Regis Prado, entendem que todas as espécies de prisão processual são passíveis do referido desconto:

> É preciso esclarecer, por oportuno, que a prisão provisória mencionada pela lei é prisão processual, ou seja, a prisão que pode ocorrer previamente à sentença condenatória irrecorrível. Esse termo – "prisão provisória" – deve ser interpretado de modo amplo, abarcando todas as medidas cautelares de restrição da liberdade. Engloba, pois, a prisão em flagrante, a prisão temporária, a prisão preventiva e também a prisão decorrente de sentença de pronúncia e de decisão condenatória recorrível.

Com a entrada em vigor da Lei n. 12.736, de 30 de novembro de 2012, o desconto do prazo cumprido a título de prisão provisória é feito pelo próprio juízo da condenação, o que acelera ainda mais a adequação do preso no regime prisional previsto pela legislação:

> Art. 387. O juiz, ao proferir sentença condenatória:
>
> [...]
>
> § 2º O tempo de prisão provisória, de prisão administrativa ou de internação, no Brasil ou no estrangeiro, será computado para fins de determinação do regime inicial de pena privativa de liberdade.

Antes de essa lei entrar em vigor, a adequação do regime prisional era feita apenas pelo Juízo da Execução e, em algumas situações, demorava bastante, já que o processo de execução nem sempre era transferido com celeridade para a comarca onde o acusado estava recolhido. Isso porque, que de acordo com a LEP, o Juízo responsável pelo processo de execução penal é aquele da comarca onde o reeducando encontra-se detido (LEP, art. 65). Assim, a referida alteração legislativa não se trata de criação de um benefício, mas da viabilização de um direito.

De acordo com o art. 102 da LEP, os presos provisórios devem ficar recolhidos em cadeias públicas, isto é, em estabelecimentos cuja finalidade é custodiar os acusados que aguardam julgamento, justamente para que fiquem separados dos condenados. Todavia, por não terem a mesma estrutura de uma penitenciária, esses locais não são adequados para que os presos permaneçam por longos períodos.

A partir da análise dos textos legais anteriormente mencionados, verifica-se que o legislador tem se preocupado cada vez mais com os efeitos das prisões cautelares, as quais, muitas vezes, deixam sequelas irreparáveis no preso, principalmente nos casos de posterior absolvição.

Nesse sentido, segue a jurisprudência:

> EXECUÇÃO PENAL. HABEAS CORPUS. USO DE DROGAS E PORTE ILEGAL DE ARMA DE FOGO. CONDENAÇÃO À PENA PRIVATIVA DE LIBERDADE SUBSTITUÍDA POR RESTRITIVA DE DIREITOS. DETRAÇÃO DO TEMPO DE PRISÃO PROVISÓRIA. PRETENSÃO DE QUE CADA HORA DE PRISÃO SEJA COMPUTADA COMO HORA DE PRESTAÇÃO DE SERVIÇOS À COMUNIDADE. IMPOSSIBILIDADE. OFENSA AO PRINCÍPIO DA PROPORCIONALIDADE. TÉCNICA QUE ENSEJA IMPUNIDADE. COMPENSAÇÃO DE CADA DIA QUE O SENTENCIADO PERMANECEU CUSTODIADO PROVISORIAMENTE COM CADA DIA DE CONDENAÇÃO À PENA PRIVATIVA DE LIBERDADE SUBSTITUÍDA. INTERPRETAÇÃO ADEQUADA DOS ARTS. 42 DO CP E 111 DA LEP.
>
> 1. A detração penal está prevista, expressamente, para a pena privativa de liberdade e para a medida de segurança apenas (arts. 42 do CP e 111 da Lei n. 7.210/1984). Isso não significa que o instituto não possa ser aplicado às penas alternativas, uma vez que substituem a reprimenda privativa de liberdade pelo mesmo lapso de sua duração.
>
> 2. A aplicação do instituto da detração, no entanto, na forma como pretende a impetração, esbarra no princípio da proporcionalidade, pois a transformação em horas do tempo em que o paciente ficou provisoriamente preso, para fins de detração do tempo de prestação de serviços à comunidade a ser adimplido, enseja o cumprimento integral da pena imposta, mesmo que o acusado tenha permanecido custodiado apenas pelo lapso de 1 mês e 14 dias.
>
> 3. Mostra-se adequada e proporcional a detração penal em que se desconta o período em que o paciente permaneceu custodiado cautelarmente na proporção de 1 dia de prisão provisória para 1 dia de condenação à pena privativa de liberdade substituída.
>
> 4. Ordem denegada.[2]

A grande controvérsia, porém, não é sobre a aplicação do instituto da detração penal, mas sobre sua aplicação quando o acusado estiver preso em razão de outro processo.

---

[2] (STJ/HC 202618/RS/HABEAS CORPUS/2011/0074968-6/Relator(a) Ministro SEBASTIÃO REIS JÚNIOR (1148)/Órgão Julgador/T6 – SEXTA TURMA/Data do Julgamento/19/06/2012/ Data da Publicação/Fonte DJe 01/08/2012).

O Superior Tribunal de Justiça (STJ), em regra, não admite a aplicação da teoria da "conta-corrente", que permite que o acusado utilize o prazo que permaneceu preso provisoriamente em outro processo no cômputo de sua pena, quando se tratar de delito praticado anteriormente à sua segregação, sob pena criar indevidamente um crédito penitenciário.

> EXECUÇÃO PENAL. HABEAS CORPUS. EXECUÇÃO RELATIVA A CRIMES PERPETRADOS EM DATA POSTERIOR AO FATO QUE ENSEJOU A PRISÃO PROCESSUAL. INCIDÊNCIA DA DETRAÇÃO. IMPOSSIBILIDADE. VEDAÇÃO DO PRINCÍPIO DA "CONTA-CORRENTE". ORDEM DENEGADA.
>
> 1. Admite-se a detração em relação a fato diverso daquele que deu azo à prisão processual; contudo, somente em relação a delitos anteriores à segregação provisória, sob risco de se criar uma espécie de crédito contra a Justiça Criminal. Precedentes desta Corte.
>
> 2. Ordem denegada.[3]

Nesse sentido, pode-se concluir que a detração penal é um direito de qualquer condenado, por se tratar de medida justa de adequação do tempo da prisão provisória efetivamente cumprida com o tempo de pena definitiva, devendo, portanto, ser realizada o mais breve possível.

5.3 Utilização de algemas

Ainda que seja garantido ao acusado o direito fundamental à presunção de inocência, entre outros, é corriqueira a utilização abusiva de algemas durante o cumprimento de prisão preventiva.

A palavra "algema" deriva do arábico *al-djamia*, que significa "pulseira"[4]. Na língua portuguesa, algema significa instrumento de ferro com que se prendem os braços pelos pulsos.

Estudos apontam que a utilização de algemas no Brasil, diante da ausência de legislação processual penal pátria na época de sua colonização, foi inicialmente regulamentada pela legislação portuguesa (Ordenações Filipinas, Afonsinas e Manuelinas).

---

[3] (STJ/Processo HC 177321/RS HABEAS CORPUS 2010/0116734-8/Relator(a) Ministro MARIA THEREZA DE ASSIS MOURA (1131)/Órgão Julgador/T6 – Sexta Turma/Data do Julgamento 28/02/2012/Data da Publicação/Fonte DJe 12/03/2012).

[4] MACHADO, José Pedro, *Dicionário etimológico da língua portuguesa*, V. 1. 3. ed. Lisboa: L. Horizonte, 1977. p. 196.

A Lei de 29 de novembro de 1832, que promulgou o Código do Processo Criminal de primeira instância, não regulamentou de forma direita a utilização de algemas, mas estabeleceu em seu art. 180, que: "Se o réo não obedece e procura evadir-se, o executor tem direito de empregar o grão da força necessaria para effectuar a prisão; se obedece porém, o uso da força é prohibido.

Atualmente, as Regras Mínimas para Tratamento de Prisioneiros da ONU, em seu item. 33, estabelecem que as algemas não podem ser utilizadas como forma de punição nem de coação desnecessária:

> A sujeição a instrumentos tais como algemas, correntes, ferros e coletes de força nunca deve ser aplicada como punição. Correntes e ferros também não serão usados como instrumentos de coação. Quaisquer outros instrumentos de coação não serão usados, exceto nas seguintes circunstâncias:
>
> a. Como precaução contra fuga durante uma transferência, desde que sejam retirados quando o preso comparecer perante uma autoridade judicial ou administrativa;
>
> b. Por razões médicas e sob a supervisão do médico;
>
> c. Por ordem do diretor, se outros métodos de controle falharem, a fim de evitar que o preso se moleste a si mesmo, a outros ou cause estragos materiais; nestas circunstâncias, o diretor consultará imediatamente o médico e informará à autoridade administrativa superior.

A Resolução n. 14, de 11 de novembro de 1994, do Conselho Nacional de Política Criminal e Penitenciária (CNPCP), que estabelece as Regras Mínimas para Tratamento de Prisioneiros no Brasil, determina também que as algemas sejam utilizadas apenas excepcionalmente:

> Art. 29. Os meios de coerção, tais como algemas, e camisas-de-força, só poderão ser utilizados nos seguintes casos:
>
> I – como medida de precaução contra fuga, durante o deslocamento do preso, devendo ser retirados quando do comparecimento em audiência perante autoridade judiciária ou administrativa;
>
> II – por motivo de saúde, segundo recomendação médica;
>
> III – em circunstâncias excepcionais, quando for indispensável utilizá-los em razão de perigo eminente para a vida do preso, de servidor, ou de terceiros.

A LEP, em seu art. 199, estabelece que: "O emprego de algemas será disciplinado por decreto federal."

O atual Código de Processo Penal é o Decreto-Lei n. 3.689, de 3 de outubro de 1941, e este diploma legal não regula diretamente o uso de algemas no território nacional, fazendo referência apenas ao uso de força, que poderá ser empregada somente nos casos de eventual resistência ou tentativa de fuga do preso.

> Art. 284. Não será permitido o emprego de força, salvo a indispensável no caso de resistência ou de tentativa de fuga do preso.

Diante da inércia do Poder Legislativo Federal para regulamentar a utilização de algemas no território nacional, e a fim de suprir essa lacuna, as autoridades amparam-se, durante muitos anos, em outras normas. Uma delas foi o Código de Processo Penal Militar (Decreto--Lei n. 1.002, de 21 de outubro de 1969), que estabeleceu algumas regras básicas para a utilização de algemas por parte dos militares:

> Art. 234. O emprego de força só é permitido quando indispensável, no caso de desobediência, resistência ou tentativa de fuga. Se houver resistência da parte de terceiros, poderão ser usados os meios necessários para vencê-la ou para defesa do executor e auxiliares seus, inclusive a prisão do ofensor. De tudo se lavrará auto subscrito pelo executor e por duas testemunhas.
>
> Emprego de algemas
>
> 1º O emprego de algemas deve ser evitado, desde que não haja perigo de fuga ou de agressão da parte do preso, e de modo algum será permitido, nos presos a que se refere o art. 242.

Nesse sentido, analisando a legislação militar mencionada, que é mais rígida que a legislação processual penal comum, em decorrência da própria estrutura militar, somente se admite a utilização de algemas como medida de exceção, nos casos de resistência ou tentativa de fuga do preso.

Para suprir a lacuna legislativa federal, alguns estados, violando o preceito constitucional, baixaram decretos e até mesmo portarias visando a regulamentar o uso das algemas. O então governador do estado de São Paulo, Adhemar de Barros, editou o Decreto Estadual Paulista n. 19.903/50, estabelecendo que a utilização de algemas deve ser medida excepcional. Analisando este Decreto, verifica-se que o governo paulista se preocupou em definir regras mínimas para a utilização de algemas, prevendo ainda a possibilidade de eventual punição nos casos de abuso.

Mais uma vez tutelando a dignidade da pessoa humana, e visando a dar cumprimento às Regras Mínimas para Tratamento de Prisioneiros segundo a ONU, o então governador do estado de São Paulo, Geraldo Alckmin, editou o Decreto n. 57.783, de 10 de fevereiro de 2012, proibindo a utilização de algemas em presas parturientes, durante o trabalho de parto e no período posterior à sua internação em estabelecimento de saúde. Analisando este Decreto, nota-se que o governador teve o intuito de proteger a dignidade do nascituro, que nada tem a ver com a eventual prática delitiva cometida por sua genitora.

No estado do Rio de Janeiro, em uma aberração jurídica ainda mais evidente, a utilização de algemas foi regulamentada pela Portaria n. 288/JSF/GDG, de 10 de novembro de 1976, que estipula que a utilização de algemas pelo serviço policial de escolta visa a impedir fugas de internos de reconhecida periculosidade.

Diante da ausência da regulamentação federal quanto ao uso de algemas, algumas autoridades utiliza-se como referência a Lei n 9.537/97, que disciplina a segurança do tráfego aquaviário em águas nacionais, cujo art. 10 dispõe que:

> Art. 10. O Comandante, no exercício de suas funções e para garantia da segurança das pessoas, da embarcação e da carga transportada, pode:
>
> I – impor sanções disciplinares previstas na legislação pertinente;
>
> II – ordenar o desembarque de qualquer pessoa;
>
> III – ordenar a detenção de pessoa em camarote ou alojamento, se necessário com algemas, quando imprescindível para a manutenção da integridade física de terceiros, da embarcação ou da carga.

A Lei n. 7.565/1986, que instituiu o Código Brasileiro de Aeronáutica, não dispõe especificamente quanto ao uso de algemas, porém prevê, em seu art. 168, que o comandante poderá tomar as providências que entender cabíveis para manter a aeronave, as pessoas e os bens transportados em segurança, nos termos a seguir:

Art. 168. Durante o período de tempo previsto no artigo 167,31 o Comandante exerce autoridade sobre as pessoas e coisas que se encontrem a bordo da aeronave e poderá:

[...]

II – tomar as medidas necessárias à proteção da aeronave e das pessoas ou bens transportados.

A Instrução da Aviação Civil n. 2504-0388, editada em março de 1988 pelo extinto Departamento de Aviação Civil, atual Agência Nacional de Aviação Civil, em seu item II, normatiza o embarque de passageiros presos dispondo que: "caso o prisioneiro seja transportado com algemas, esta situação deverá, se possível, ser encoberta". Ainda que não configure uma norma processual penal, essa instrução demonstra preocupação das autoridades aeroportuárias com a dignidade dos prisioneiros transportados em aeronaves, estabelecendo que estes devem ter as algemas encobertas.

Apesar de existirem algumas regras esparsas, não há uma regulamentação específica para o uso de algemas no ordenamento jurídico nacional, o que causa alguns transtornos para as autoridades que têm de lidar diretamente com o assunto. Ocorre, contudo, que a postura dos estados em tentar regulamentar uma questão de caráter geral de competência privativa da união, isto é, a utilização de algemas, viola de forma patente o art. 22, inciso I, da Constituição Federal. Embora os estados possam legislar sobre questões específicas, conforme estabelece o art. 22, parágrafo único, da Constituição Federal, essa situação não se enquadra no que diz respeito à utilização de algemas.

Em virtude da ausência de regulamentação, diversos abusos foram cometidos pelas autoridades públicas brasileiras, até que o Supremo Tribunal Federal (STF) editou a Súmula vinculante n. 11, que expressa:

> Só é lícito o uso de algemas em casos de resistência e de fundado receio de fuga ou de perigo à integridade física própria ou alheia, por parte do preso ou de terceiros, justificada a excepcionalidade por escrito, sob pena de responsabilidade disciplinar, civil e penal do agente ou da autoridade e de nulidade da prisão ou do ato processual a que se refere, sem prejuízo da responsabilidade civil do Estado.

Assim, diante da ausência de regulamentação sobre o assunto, o então presidente Michel Temer aprovou o Decreto n. 8.858, de 25 de setembro de 2016, regulamentando o uso de algemas conforme os parâmetros já balizados na jurisprudência consolidada e nas normas administrativas existentes:

> Art. 1º O emprego de algemas observará o disposto neste Decreto e terá como diretrizes:
>
> I – o inciso III do caput do art. 1º e o inciso III do caput do art. 5º da Constituição, que dispõem sobre a proteção e a promoção da dignidade da pessoa humana e sobre a proibição de submissão ao tratamento desumano e degradante;
>
> II – a Resolução nº 2010/16, de 22 de julho de 2010, das Nações Unidas sobre o tratamento de mulheres presas e medidas não privativas de liberdade para mulheres infratoras (Regras de Bangkok); e
>
> III – o Pacto de San José da Costa Rica, que determina o tratamento humanitário dos presos e, em especial, das mulheres em condição de vulnerabilidade.
>
> Art. 2º É permitido o emprego de algemas apenas em casos de resistência e de fundado receio de fuga ou de perigo à integridade física própria ou alheia, causado pelo preso ou por terceiros, justificada a sua excepcionalidade por escrito.
>
> Art. 3º É vedado emprego de algemas em mulheres presas em qualquer unidade do sistema penitenciário nacional durante o trabalho de parto, no trajeto da parturiente entre a unidade prisional e a unidade hospitalar e após o parto, durante o período em que se encontrar hospitalizada.

Nesse sentido, apesar do entendimento de que o uso de algemas deveria ser regulamentado por lei federal, por se tratar de regra geral de Direito Processual Penal, nos termos do art. 22, inciso I, da Constituição Federal, tem-se agora uma norma específica sobre o assunto, que serve de parâmetro para evitar eventuais abusos em sua utilização.

6

Função da Prisão Preventiva
à Luz da Constituição Federal

Quando se aborda a prisão preventiva à luz da Constituição Federal, enquadra-se perfeitamente na moderna teoria do garantismo penal defendida por alguns doutrinadores. O jurista italiano Luigi Ferrajoli, por exemplo, um dos principais defensores dessa teoria, leciona o seguinte:

> O Estado de direito: níveis de norma e níveis de perda da legitimação – Vimos como o modelo penal garantista, recebido na Constituição italiana como em outras Constituições como um parâmetro de racionalidade, de justiça e de legitimidade da intervenção punitiva, é, na prática, largamente desatendido: seja ao se considerar a legislação penal ordinária, seja ao se considerar a jurisdição, ou pior ainda, as práticas administrativas e policialescas. Esta divergência entre normatividade do modelo em nível constitucional e sua não efetividade nos níveis inferiores corre o risco torná-la uma simples referência, com mera função de mistificação ideológica no seu conjunto. A orientação que, há poucos anos, vem sob o nome de "garantismo", nasceu no campo penal como uma resposta ao desenvolvimento crescente de tal diversidade e também às culturas jurídicas e políticas que têm jogado numa mesma vala, ocultado e alimentado, quase sempre em nome da defesa do Estado de direito e do ordenamento democrático.[1]

De acordo com o Levantamento Nacional de Informações Penitenciárias (INFOPEN) de 2016, o Brasil tem uma das maiores populações

---

[1] FERRAJOLI, Luigi. *Direito e Razão Teoria do Garantismo Penal*. Tradução de Ana Paula Zomer Sica, Fauzi Hassan Choukr, Juarez Tavarez e Luiz Flavio Gomes. 4. ed. São Paulo: Revista dos Tribunais, 2014. p. 785.

carcerárias do mundo, com cerca de 730.000 presos, dos quais 40% estão em prisão preventiva.[2] Ainda que em diversas situações ocorram infrações penais leves, a privação antecipada da liberdade é muito comum, quando, idealmente, deveriam ser utilizadas medidas alternativas.

Ao analisar a Constituição Federal, a legislação infraconstitucional e a doutrina dominante, verifica-se que a prisão preventiva não tem finalidade punitiva, mas de custódia. No processo penal, como qualquer medida de caráter cautelar, esse tipo de prisão tem a finalidade de assegurar a eficaz aplicação do Direito Penal objetivo ao caso concreto, isto é, tem caráter instrumental.

José Frederico Marques destaca o caráter instrumental e provisório da prisão preventiva, uma vez que esta terá duração limitada, considerando o fato de destinar-se a assegurar o resultado da ação principal, que é aplicação do Direito Penal:

> As providências cautelares possuem caráter instrumental: constituem meio e modo de garantir-se o resultado da tutela jurisdicional a ser obtida através do processo. Destinam-se elas a impedir que o desenrolar demorado do processo, com os trâmites do *iter procedimental* que a lei traça previamente, possa tornar inócua a prestação jurisdicional que as partes procuram conseguir. A finalidade do processo é a atuação do Direito objetivo em determinada situação concreta, a fim de compor um litígio ou conflito de interesses. Com as providências cautelares – como salienta Vittorio Denti – busca-se "garantir, ao processo, a consecução integral de seu escopo, para que os meios de que deve servir-se ou situação sobre a qual irá incidir não se modifiquem ou se tornem inúteis, antes ou durante o desenrolar do procedimento, frustrando-se, em consequência, a atuação da vontade da lei material.

Com a medida cautelar, antecipa-se, no todo ou em parte, a situação jurídica que advirá do resultado final do processo; e, com isso, afasta-se o *periculum in mora*, neutralizam-se os efeitos lesivos que dele poderiam surgir e garante-se, dentro do possível, a realização efetiva da tutela jurisdicional do Estado.[3]

---

[2] http://depen.gov.br/DEPEN/noticias-1/noticias/infopen-levantamento-nacional-de-informacoes-penitenciarias-2016/relatorio_2016_22111.pdf

[3] MARQUES, José Frederico. *Elementos de direito processual penal*. São Paulo: Milennium, 2007. v. 4. p. 11-12.

Assim, ao decretar a prisão preventiva de qualquer cidadão, o magistrado deve ter consciência de esta medida judicial se trata de uma inversão da ordem natural do processo e que, por isso, não pode se afastar das hipóteses previstas em lei, conforme comenta o jurista João Alfredo Medeiros Vieira:

> Existe, na verdade, uma inversão da ordem normal das coisas, dos atos e fatos, quando são adotadas no processo penal, medidas cautelares. Estas vêm a ser uma técnica que visa superar os riscos da sequencia e da estrutura processual. Já por fixar dilações e delongas para averiguação dos fatos, já por permitir a participação plena das partes – Ministério Público e defesa –, tende a tramitação a demorar. E pode acontecer que, assim, no final, as coisas tenham sofrido modificações tão grandes que se tornaria ineficaz a intervenção do Estado para solucionar o problema. Há, porém, requisitos para que elas possam ser tomadas.[4]

A Constituição Federal é clara em seu texto quando estabelece quais penas podem ser aplicadas pelo legislador infraconstitucional, e neste rol não está inserida a prisão preventiva. Portanto, esse tipo de prisão não pode ser utilizado como forma de punição, tendo em vista que essa postura representaria clara inversão da ordem jurídica e violação ao princípio da legalidade e da presunção de inocência.

Mais uma vez, Luigi Ferrajoli destaca que o referido instituto tem sido utilizado de maneira desvirtuada pelos tribunais:

> Com o advento do fascismo, a presunção de inocência entrou francamente em crise, não houve mais freios ao uso e abuso da prisão preventiva e à sua aberta legitimação, sem jogos de palavras ingênuos, como "medida de segurança processual", "necessária para a defesa social" e indispensável sempre que o delito tenha desencadeado "grave clamor público".[5]

Não se pode negar que, em algumas situações, a prisão preventiva é um mal necessário; contudo, deve ser empregada como medida de exceção e com muita cautela, visto que afasta de forma direta e antecipada direitos fundamentais da pessoa humana que estão expres-

---

[4] VIEIRA, João Alfredo Medeiros. *A prisão cautelar.* São Paulo: LEDIX, 2005. p. 14.
[5] FERRAJOLI, Luigi. *Direito e razão: teoria do garantismo penal.* Tradução de Ana Paula Zomer Sica, Fauzi Hassan Choukr, Juarez Tavarez e Luiz Flavio Gomes. 4. ed. São Paulo: Revista dos Tribunais, 2014. p. 509.

samente encartados na própria Constituição Federal e em diversos tratados e convenções internacionais de direitos humanos, principalmente o da presunção de inocência.

Seguindo o princípio constitucional da presunção de inocência, comentado inicialmente, ninguém pode ser considerado culpado antes do trânsito em julgado da sentença penal condenatória, prevalecendo a liberdade em vez da prisão. Também os direitos políticos do preso provisório permanecem resguardados, conforme o art. 15, inciso II, da Constituição Federal, que estabelece que os mesmos somente podem ser perdidos ou suspensos em caso de sentença penal definitiva:

> Art. 15. É vedada a cassação de direitos políticos, cuja perda ou suspensão só se dará nos casos de:
> [...]
> III – condenação criminal transitada em julgado, enquanto durarem seus efeitos.

Assim, quando o Poder Público não fornece condições para que o preso provisório possa exercer seu direito de voto, afronta de forma direta o próprio texto constitucional.

O impacto da prisão preventiva na vida do cidadão é tão forte que, de acordo com o art. 236 do Código Eleitoral, nenhum eleitor poderá ser preso provisoriamente 5 dias antes nem e 48 horas depois da eleição, justamente com o objetivo de evitar que o referido instituto jurídico seja utilizado como meio de coerção no período eleitoral:

> Objetivando assegurar a regularidade e lisura do processo eleitoral e buscando aplacar toda e qualquer forma de perseguição, dispõe o art. 236 do Código Eleitoral que nenhum eleitor poderá ser preso cinco dias antes do pleito e quarenta e oito horas depois; nenhum candidato poderá ser custodiado quinze dias antes das eleições e quarenta e oito horas, salvo as hipóteses de prisão em flagrante, desrespeito a salvo-conduto em virtude de sentença penal condenatória pela prática de crime inafiançável.[6]

Além disso, o risco de deixar alguém preso provisoriamente é muito alto para o Estado, ainda mais em um sistema carcerário como o brasileiro, onde os acusados ficam recolhidos em verdadeiras masmor-

---

[6] DA PONTE, Antonio Carlos. *Crimes eleitorais*. 2. ed. São Paulo: Saraiva, 2017. p. 121.

ras infectas, com predominância de AIDS, tuberculose, sífilis, sarna e outras doenças infectocontagiosas de alto risco para a vida humana. Cabe ressaltar que o fato de um sujeito estar preso provisoriamente não afasta seu direito fundamental à saúde, mesmo porque não se trata de uma pena corporal, mas apenas de privação da liberdade até que o acusado seja devidamente julgado por meio de processo legal.

A prisão cautelar de alguém é extremamente agressiva, porque afasta o acusado de sua família e de seu trabalho de forma abrupta, muitas vezes causando abalos familiares e econômicos irreparáveis, talvez até piores que qualquer sanção prevista pela legislação penal.

Estudos revelam que presos provisórios têm maior tendência à condenação, inclusive porque sua situação de vulnerabilidade torna mais restrito seu direito de defesa, em virtude da falta de contato com o mundo exterior, o que os impossibilita de buscar provas a seu favor.

Na prática corriqueira, a prisão cautelar é utilizada mais como forma de demonstração de poder por parte do Estado do que como instrumento de justiça, haja vista que muitas vezes se entende que a privação antecipada da liberdade de alguém é uma medida justa de punição. Nesse sentido, leciona Michel Foucault: "fazem da execução pública mais uma manifestação de força do que uma obra de justiça".[7]

Os presos provisórios no Brasil, em sua grande maioria, são jovens de classe social baixa excluídos do mercado formal de trabalho, muitas vezes considerados pela elite como o "lixo social".[8]

O fato de a classe social do preso contribuir para sua manutenção no cárcere é comprovado pela maior dificuldade de se conseguir liberdade provisória em casos de crimes contra o patrimônio do que em casos de crimes econômicos ou dolosos contra à vida, porque, na primeira situação, os mais pobres incidem com maior frequência na prática desses tipos de crimes. Por isso, a prisão cautelar não pode ser utilizada como sanção para as classes sociais menos favorecidas, sob pena de se tratar claro *bis in iden*, haja vista que o sujeito já será puni-

---

[7] FOUCAULT, Michel. *Vigiar e punir.* Tradução de Raquel Ramalhete. 37. ed. Rio de Janeiro: Vozes. 1997. p. 50.

[8] KAHN, Túlio. Disponível em: <http://www.reflexoes.diarias.nom.br/POLITICA/DESEMPRE GOEVIOLENCIA.pdfhttp://www.reflexoes.diarias.nom.br/POLITICA/DESEMPREGOEVIOLEN CIA.pdf> Acesso em: 22-10-13.

do com as sanções previstas em lei no preceito secundário de cada tipo penal que for violado.

Isso mostra que, muitas vezes, a prática criminosa reflete mais um problema social do que um problema de Direito Penal. Sobre essa questão, o sociólogo francês Loïc Wacquant destaca que muitos países subdesenvolvidos estão saindo de um Estado-providência para entrarem em um Estado-penitência, visto que procuram resolver seus problemas sociais por meio do encarceramento:

> A penalidade neoliberal apresenta o seguinte paradoxo: pretende remediar com um "mais Estado" policial e penitenciário o "menos Estado" econômico e social que é a *própria causa* da escalada generalizada da insegurança objetiva e subjetiva em escalada generalizada da insegurança objetiva e subjetiva em todos os países, tanto do Primeiro como do Segundo Mundo. Ela afirma a onipotência do Leviatã no domínio restrito da manutenção da ordem pública – simbolizada pela luta contra a delinquência de rua – no momento em que este se afirma e verifica-se incapaz de conter a decomposição do trabalho assalariado e de refrear a hipermobilididade do capital, as quais, capturando-a como tenazes, desestabilizam a sociedade inteira. E isso não é uma simples coincidência: é justamente *porque* as elites do Estado, tendo se convertido à ideologia do mercado-total vinda dos Estados Unidos, diminuem suas prerrogativas na frente econômica e social que é preciso aumentar e reforçar suas missões em matéria de "segurança", subitamente relegada à mera dimensão criminal. No entanto, e sobretudo, a penalidade neoliberal ainda é mais sedutora e mais funesta quando aplicada em países ao mesmo tempo atingidos por fortes desigualdades de condições e de oportunidades de vida e desprovidos de tradição democrática e de instituições capazes de amortecer os choques causados pela mutação do trabalho e do indivíduo no limiar do novo século.[9]

É necessário faz destacar que, muitas vezes, o maior problema não é a prisão preventiva em si, mas a extensão dessa prisão, que, corriqueiramente, chega a ultrapassar o período estabelecido pela própria condenação definitiva, em virtude da precariedade do judiciário nacional em algumas regiões do país.

---

[9] WACQUANT, Loïc. *As prisões da miséria*. 2. ed. Tradução de André Telles. Rio de Janeiro: Zahar, 2011. p. 9.

O legislador, em determinados casos, estabelece no Código de Processo Penal e na Legislação Processual Penal Especial prazos para a conclusão dos procedimentos processuais. No entanto, dificilmente esses prazos são cumpridos, por diversos motivos, como: falta de pessoal, falta material de trabalho, número excessivo de processos, falta de contingente, falta de investimentos em tecnologia de ponta etc. Assim, de nada adianta serem estabelecidos prazos para encerramento dos processos, se não existirem meios para a conclusão dos mesmos ou sanções diante de seu descumprimento.

Nesse sentido, conforme comentado anteriormente, a Emenda Constitucional n. 45/2004 incluiu o inciso LXXVIII, no art. 5º da Constituição Federal, estabelecendo que todo processo deve ter uma duração razoável, justamente para afastar abusos por parte do poder estatal no trâmite de processos.

A superpopulação carcerária também é outro problema grave que assola o sistema e que expõe ainda mais a situação dos presos provisórios, os quais estão sujeitos a diversos tipos de humilhações, podendo até chegarem ao ponto dormirem em pé, amarrados pelos braços, por conta da falta de espaço – isso quando não ficam presos *containers*, como ocorreu no estado do Espírito Santo, quando o Brasil foi repreendido pela Comissão Interamericana de Direitos Humanos por adotar posturas inaceitáveis.[10]

A mídia tenta vender para a população a imagem de que a prisão preventiva representa a eficiência do sistema penal, quando, na verdade, é justamente o contrário, uma vez que esse tipo de privação antecipada da liberdade, se mal utilizado, pode colocar o Poder Judiciário em descrédito, como vem ocorrendo atualmente no país, o que se nota pelo fato de leigos acreditarem que a revogação da prisão cautelar, diante do desaparecimento de seus pressupostos, é uma forma de impunidade.

Ocorre, contudo, que nem sempre as informações trazidas pela mídia são confiáveis, conforme lecionam Sergio Cavalieri Filho e Luciano Albino:

---

[10] GOMES, Luiz Flávio. *Comissão interamericana e as masmorras do Espírito Santo*. Disponível em: <http://jus.com.br/artigos/14897/comissao-interamericana-e-as-masmorras-do-espirito-santo>. Acesso em: 21/10/2013.

A grande problemática é que a imprensa brasileira tem muitos outros interesses, além daquele estritamente jornalístico. Há até quem fale em liberdade de empresa e não em liberdade de imprensa. A mídia sempre esteve próxima do poder estatal e econômico, e isso faz com que a informação nem sempre seja fidedigna e confiável. No mínimo vem embalada da maneira que melhor atinja os interesses dos detentores do poder. Dessa maneira a notícia acaba, muitas vezes, tornando-se mercadoria; é tratada de tal forma que já vem comentada, explícita ou implicitamente. A forma implícita é a mais grave porque o comentário acaba virando notícia.[11]

Criticando o abuso na utilização da prisão preventiva, comentam os juristas Gilberto Passos de Freitas e Vladimir Passos de Freitas:

Ora, se o Estado não está aparelhado para lutar contra o crime, o que não se pode justificar é que, para superar tais insuficiências, venha a praticar abusos, muitas vezes recolhendo indiscriminadamente indivíduos para serem investigados, utilizando-se de operações conhecidas como "arrastão", "tira da cama" e outras assemelhadas, como única forma de aprisionar-se condenados.

Tais ações, muito embora apresentem certo aspecto positivo, na prática revelam-se altamente perigosas. Recolhem-se cidadãos, muitas vezes trabalhadores e inocentes.[12]

O encarceramento é um problema mundial, inclusive nos Estados Unidos, em virtude de seu desenfreado crescimento populacional:

Para analizar el aumento de la población detenida em los Estados Unidos es útil tomar coo fecha de partida el año 1973, porque es a partir de este momento que las tasas de encarcelamiento crecieron cada vez más rapidamente. También, el año de 1969 es una fecha importante para compreender el giro represivo en el campo penal y penitenciario: la campaña electoral para la elección presidencial de Richard Nixon puso, por primera vez, em el centro de la atención pública el tema de la seguridad, haciendo de la promesa de combatir la creciente criminalidad, uno de los principales puntos del programa del futuro presidente.[13]

---

[11] CAVALIERI FILHO, Sergio; ALBINO, Luciano. *Sociologia geral e jurídica*. 11. ed. Rio de Janeiro: Forense, 2007. p. 75.

[12] FREITAS, Gilberto Passos; FREITAS, Vladimir Passos. *Abuso de autoridade*. 9. ed. São Paulo: Revista dos Tribunais, 2001. p. 178.

[13] RE, Lucia. *Cárcel y globalización*. Buenos Aires: Ad-Hoc, 2008. p. 51.

É de suma importância destacar que a prisão provisória deixa graves sequelas no acusado, o qual, depois de libertado, será estigmatizado pelo o resto de sua vida; além disso, ainda que seja absolvido no processo pelo qual respondeu, passará a ser uma vítima terciária do sistema, de maneira que dificilmente conseguirá uma reinserção social plena.

Também é necessário ressaltar que o fato de alguém estar sendo investigado ou acusado por um crime grave não quer dizer que essa pessoa seja culpada, até porque ainda não foi julgada e não teve o direito de se defender, devendo prevalecer em seu favor o status constitucional da presunção de inocência.

Cabe, ainda, observar que presos provisórios apresentam diferentes reações no cárcere, principalmente aqueles que são inocentes, podendo alguns chegarem ao ponto de tirar a própria vida dentro do estabelecimento prisional, inconformados com a situação em que se encontram e afetados pelos efeitos psicossociais negativos causados pelo encarceramento cautelar indevido. Por isso também não se deve utilizar a prática de tortura durante a prisão cautelar, porque os presos provisórios que realmente cometeram o crime podem ser favorecidos por essa situação, isto é, enquanto o inocente, por não resistir à dor, pode confessar a prática de um crime que não cometeu, o culpado pode preferir suportar a dor inicial e negar sua culpa para se livrar de uma eventual condenação.

Nesse sentido, leciona Cesare Beccaria:

> Um homem não pode ser considerado culpado antes da sentença do juiz, e a sociedade só lhe pode retirar a proteção pública depois que seja decidido ter ele violado as condições com as quais tal proteção lhe foi concedida. Só o direito da força pode, pois, autorizar um juiz a infligir uma pena a um cidadão quando ainda se duvida se ele é inocente ou culpado.
>
> Eis uma proposição bem simples: ou o delito é certo, ou é incerto. Se é certo, só deve ser punido com a pena fixada pela lei, e a tortura é inútil, pois já não se tem necessidade das confissões do acusado. Se o delito é incerto, não é hediondo atormentar um inocente? Com efeito, perante as leis, é inocente aquele cujo delito não se provou.[14]

---

[14] BECCARIA, Cesare. *Dos delitos e das penas*. Tradução de Paulo M. Oliveira. 2. ed. São Paulo: Edipro, 2011. p. 47.

No sistema prisional brasileiro, praticamente dominado pelo crime organizado, muitos presos provisórios primários acabam se transformando em verdadeiros criminosos profissionais (soldados do crime), visto que passam pela "universidade do crime" enquanto aguardam seu julgamento.

Outra grave questão a ser observada nos estabelecimentos prisionais nacionais são os entorpecentes, que circulam quase livremente e fomentam ainda mais o aumento da população de viciados, o que cria um novo problema para o poder estatal, que é a cura dos egressos viciados.

A promiscuidade também assola o sistema penitenciário nacional, porque, devido à ociosidade e à superlotação, essa prática se torna corriqueira, levando muitos detentos a se contaminarem com o vírus do HIV, principalmente em decorrência relações sexuais forçadas e sem proteção Assim, é fundamental que os presos provisórios fiquem separados dos presos condenados, conforme estabelece a legislação vigente, para que se evite a contaminação natural de todos os tipos, bem como para que estes sofram o mínimo possível em caso de eventual absolvição, situação perfeitamente possível em qualquer processo judicial.

Além disso, a prisão provisória deve durar o mínimo possível, para que não seja mais gravosa que a futura pena a ser imposta pelo crime supostamente cometido, tendo em vista que, conforme comentado, nos crimes cuja pena privativa de liberdade é igual ou inferior a 4 anos, o regime de cumprimento, em regra, será o aberto.

De acordo com a Lei de Execução Penal, os presos provisórios devem ser recolhidos em cadeias públicas, e isso vem sendo parcialmente cumprido no estado de São Paulo, com a criação dos Centros de Detenção Provisória, conhecidos como CDP's, retirando-se essas pessoas dos Distritos Policiais, estabelecimentos não têm a mínima estrutura para essa função.

Estudos demonstram que cerca de 80% dos presos que têm contato com o cárcere voltam a delinquir, e um dos fatores que certamente contribuem para essa estatística são as sequelas causadas pelo sistema penitenciário, porque impedem que o ex-detento se reintegre na sociedade, conforme ensina o criminologista Sérgio Salomão Shecaira:

Na falta de outras alternativas de controle social, o Estado dá à criminalidade a resposta do aprisionamento. Embora pareça haver consenso de que essa resposta punitiva não é o ideal, não se encontrou outra punição que possa fazer frente aos crimes cometidos com violência ou grave ameaça à pessoa. Além disso, não se pode esquecer que o custo social de tal solução está longe de ser desprezível. É caro para a sociedade que tem que arcar com as despesas de manutenção de presídios que, cada vez mais absorvem o dinheiro do contribuinte; também é caro pelas consequências sociais das medidas encarceradoras. Além disso, seu efeito é passageiro: o criminoso fica impedido de delinquir apenas enquanto estiver preso. Ao sair, estará mais pobre, terá rompido laços familiares e sociais e dificilmente encontrará quem lhe ofereça emprego. Ao mesmo tempo, na prisão, criou novas conexões que permitiram ampliar e sedimentar a rede de relações que propiciam o cometimento de novas ações delituosas.[15]

Culturalmente, as mulheres sofrem consequências ainda maiores no momento da decretação da prisão preventiva, já que muitas não possuem casa própria registrada em seu nome e, por isso, não têm comprovantes de residência (por exemplo: contas de água, luz, telefone, etc), não conseguindo comprovar os requisitos legais e jurisprudenciais necessários para que respondam o processo em liberdade.

Não se pode negar que a decisão pela decretação ou não da prisão preventiva é uma tarefa difícil para os magistrados, haja vista que os requisitos legais previstos no art. 311 e seguintes do Código de Processo Penal um pouco confusos; entretanto, no momento da decisão, a pressão política e midiática deve ser afastada, para que os meios de comunicação não distorçam os fatos, conforme leciona Ana Lúcia Menezes Vieira:

Há muitos séculos a notícia da execução das penas seduz a população. O suplício, pena corporal atroz, dolorosa e cruel, era precedido de um ritual, um cerimonial de castigo público, manifestações da justiça do soberano. O sofrimento do condenado, seus gritos pela tortura a si infligida lentamente era cena teatral, representação do castigo que levava o público, movido por extraordinária curiosidade,

---

[15] SHECARIA, Sérgio Salomão. *Criminologia*. 7. ed., São Paulo: Revista dos Tribunais, 2018. p. 25-26.

a se comprimir em torno do cadafalso para assistir ao espetáculo de horror que era a punição do súdito criminoso.[16]

Verifica-se, então, que a prisão preventiva tem sido desvirtuada na prática, passando a ser cada vez mais utilizada como forma de punição antecipada, principalmente nos processos midiáticos. Assim, conclui--se que deve ser decretada nas hipóteses taxativamente previstas em lei e pelo prazo mais curto possível, para que as sequelas carcerárias sejam minimizadas ao máximo, em especial nos casos de eventual absolvição.

Por isso, é cada vez mais importante a aplicação de medidas cautelares substitutivas das prisões provisórias previstas em lei, evitando--se o contato dos acusados com o cárcere, principalmente quando se tratar de réus primários.

À luz da teoria do garantismo penal e dos direitos humanos fundamentais da pessoa humana, verifica-se que a prisão preventiva deve ser medida de exceção, por se tratar de postura drástica que afasta de maneira abrupta diversos direitos básicos da pessoa humana antes mesmo de um julgamento justo a partir de um devido processo legal.

Seguindo este raciocínio, comenta o jurista Cezar Roberto Bitencourt:

> Um dos argumentos que mais se mencionam quando se fala na falência da prisão é o seu efeito criminógeno. Muitos autores sustentam essa tese, que, aliás, já havia sido defendida pelos positivistas e que se revitalizou no II Congresso Internacional de Criminologia (Paris, 1950). Considera-se que a prisão, em vez de frear a delinquência, parece estimulá-la, convertendo-se em instrumento que oportuniza toda espécie de desumanidade. Não traz nenhum benefício ao apenado; ao contrário, possibilita toda sorte de vícios e degradações.[17]

Talvez um sistema garantista real nunca seja plenamente alcançado, mas é um fim a ser buscado em virtude das diretrizes traçadas pela Constituição Federal e dos mais diversos tratados e convenções de direitos humanos dos quais o Brasil é signatário.

---

[16] VIEIRA, Ana Lúcia Menezes. *Processo penal e mídia*. São Paulo: Revista dos Tribunais, 2003. p. 17.

[17] BITENCOURT, Cezar Roberto. *A falência da pena de prisão*. 4. ed. São Paulo: Saraiva, 2010. p. 165.

Conforme discutido até o momento, a prisão preventiva tem a finalidade de custódia até que o acusado seja julgado nas hipóteses expressamente previstas em lei. Assim, caso o Estado eventualmente abuse desse direito-dever, o lesado poderá acioná-lo, pleiteando eventual indenização.

Ainda que o Estado entenda que a prisão preventiva deve ser decretada em algumas situações, por estarem presentes os requisitos legais, deverá ter cautela para não abusar desse direito, evitando o prolongamento injustificado da privação da liberdade do acusado, sob pena de transformar essa custódia em prisão-pena, uma vez que esta não é sua finalidade nos termos da lei.

Além disso, o acusado não pode arcar com as consequências da morosidade do Poder Judiciário, que, em algumas situações, demora mais de 3 anos para julgar um processo em primeira instância; isso sem contar o prazo para julgamento de eventuais recursos cuja apreciação também é lenta, chegando ao ponto de custodiados ficarem presos preventivamente por mais tempo do que a própria pena prevista para o delito em questão.

Cabe destacar que a prisão preventiva, por si só, traz graves consequências ao preso, que, além de ser afastado do convívio familiar, provavelmente perderá seu emprego, entre outros danos à sua imagem e à sua honra, por ter seus direitos fundamentais afastados por completo.

A indenização em decorrência de prisão preventiva injusta não é prevista de forma expressa pela Constituição Federal, que apenas prevê a hipótese de ressarcimento nos casos de erro judiciário. Segundo alguns doutrinadores, porém, este não seria o caso da prisão preventiva.

A fim de tutelar esse tipo de abuso, o Pacto Internacional de Direitos Civis e Políticos, no qual o Brasil é signatário, prevê em seu art. 9º, item 5, que qualquer pessoa que for vítima de prisão ilegal deverá ser indenizada.

> 5. Qualquer pessoa vítima de prisão ou encarceramento ilegais terá direito à reparação.

Todavia, ainda que não houvesse previsão nas normas internacionais, os arts. 186 e 927 do Código Civil estabelecem que todos aqueles que sofrerem algum dano em decorrência de ato ilícito devem ser devidamente indenizados:

> Art. 186. Aquele que, por ação ou omissão voluntária, negligência ou imprudência, violar direito e causar dano a outrem, ainda que exclusivamente moral, comete ato ilícito.

> Art. 927. Aquele que, por ato ilícito (arts. 186 e 187), causar dano a outrem, fica obrigado a repará-lo.

É importante destacar também que o art. 37, § 6º, da Constituição Federal estabelece que a responsabilidade do Poder Estatal no caso em questão é objetiva:

> § 6º As pessoas jurídicas de direito público e as de direito privado prestadoras de serviços públicos responderão pelos danos que seus agentes, nessa qualidade, causarem a terceiros, assegurado o direito de regresso contra o responsável nos casos de dolo ou culpa.

Seguindo a mesma linha raciocínio, o Supremo Tribunal Federal (STF), por meio de voto proferido pelo Ministro Sepúlveda Pertence, se manifestou no sentido de que o Poder Público deve ser responsabilizado por eventuais abusos na utilização de algemas durante o cumprimento de prisão cautelar:

> EMENTA: Erro judiciário. Responsabilidade civil objetiva do Estado. Direito à indenização por danos morais decorrentes de condenação desconstituída em revisão criminal e de prisão preventiva. CF, art. 5º, LXXV. C.Pr.Penal, art. 630.

> 1. O direito à indenização da vítima de erro judiciário e daquela presa além do tempo devido, previsto no art. 5º, LXXV, da Constituição, já era previsto no art. 630 do C. Pr. Penal, com a exceção do caso de ação penal privada e só uma hipótese de exoneração, quando para a condenação tivesse contribuído o próprio réu.

> 2. A regra constitucional não veio para aditar pressupostos subjetivos à regra geral da responsabilidade fundada no risco administrativo, conforme o art. 37, § 6º, da Lei Fundamental: a partir do entendimento consolidado de que a regra geral é a irresponsabilidade civil do Estado por atos de jurisdição, estabelece que, naqueles casos, a indenização é uma garantia individual e, manifestamente, não a submete à exigência de dolo ou culpa do magistrado.

3. O art. 5º, LXXV, da Constituição: é uma garantia, um mínimo, que nem impede a lei, nem impede eventuais construções doutrinárias que venham a reconhecer a responsabilidade do Estado em hipóteses que não a de erro judiciário stricto sensu, mas de evidente falta objetiva do serviço público da Justiça.[18]

Ocorre, contudo, que a jurisprudência da Suprema Corte não é pacífica quanto à situação em questão, sustentando inclusive que a prisão preventiva indevida não pode ser considerada um erro judiciário:

> EMENTA: CONSTITUCIONAL. ADMINISTRATIVO. CIVIL. RESPONSABILIDADE CIVIL DO ESTADO: ATOS DOS JUÍZES. C.F., ART. 37, § 6º.
>
> I – A responsabilidade objetiva do Estado não se aplica aos atos dos juízes, a não ser nos casos expressamente declarados em lei. Precedentes do Supremo Tribunal Federal. II – Decreto judicial de prisão preventiva não se confunde com o erro judiciário ¾ C.F., art. 5º, LXXV ¾ mesmo que o réu, ao final da ação penal, venha a ser absolvido.
>
> III – Negativa de trânsito ao RE. Agravo não provido.[19]

Sendo a decretação da prisão preventiva uma decisão judicial como outra qualquer, a jurista Maria Sylvia Zanella Di Pietro entende ser perfeitamente possível a responsabilização do Estado em casos de erros flagrantes em sua decretação:

> A jurisprudência brasileira, como regra, não aceita a responsabilidade do Estado por atos jurisdicionais, o que é lamentável porque podem existir erros flagrantes não só em decisões criminais, em relação as quais a Constituição adotou a tese da responsabilidade, como também nas áreas cível e trabalhista. Pode até ocorrer o caso em que o juiz tenha decidido com dolo ou culpa; não haveria como afastar a responsabilidade do Estado. Mas, mesmo em caso de inexistência de culpa ou dolo, poderia incidir essa responsabilidade, se comprovado o erro da decisão.[20]

---

[18] STF – RE 505393/PE-PERNAMBUCO/RECURSO EXTRAORDINÁRIO/Rel. Min. SEPÚLVEDA PERTENCE/Julgamento: 26/06/2007 Órgão Julgador: Primeira Turma.

[19] STF – RE 429518 AgR/SC-SANTA CATARINA/AG.REG.NO RECURSO EXTRAORDINÁRIO/Rel. Min. CARLOS VELLOSO; Julgamento: 05/10/2004; Órgão Julgador: Segunda Turma.

[20] DI PIETRO, Maria Sylvia Zanella. *Direito administrativo*. 31. ed. São Paulo: Atlas, 2018. p. 719.

Sustentando que a prisão indevida é uma clara violação ao direito da personalidade, comenta o jurista Arnaldo Quirino:

> Nessa passagem, pois, ficou claro que a liberdade individual é um direito da personalidade (e mais que isso, um verdadeiro direito natural do homem) e que, portanto, sua privação indevida impõe ao Estado o dever de indenizar os morais do fato injusto, podendo o dano trazer reflexos patrimoniais... [21]

Diante do exposto, verifica-se que o ordenamento jurídico brasileiro precisa de um avanço em sua legislação, a fim de regulamentar a questão da prisão preventiva ilegal para que eventuais vítimas desse tipo de prisão sejam indenizadas em caso de abuso por parte do poder estatal, haja vista que nessa situação o princípio constitucional fundamental da pessoa humana é diretamente abalado.

---

[21] QUIRINO, Arnaldo. *Prisão ilegal e responsabilidade civil do estado.* São Paulo: Atlas, 1999. p. 56-57.

Referências Bibliográficas

ALEXY, Robert. *Teoria dos direitos fundamentais.* Tradução de Virgílio Afonso da Silva. 2. ed. São Paulo: Malheiros, 2001. p. 218.

BARROS, Flávio Augusto Monteiro. *Direito Penal.* 5. ed. São Paulo: Saraiva, 2006. p. 441.

BECCARIA, Cesare. *Dos delitos e das penas.* Tradução de Paulo M. Oliveira. 2. ed. São Paulo: Edipro, 2011. p. 47, 53, 73.

BITENCOURT, Cezar Roberto. *A falência da pena de prisão.* 4. ed. São Paulo: Saraiva, 2010. p. 165.

BITENCOURT, Cezar Roberto. *Tratado de direito penal.* v. 1. 24. ed. São Paulo: Saraiva, 2018. p. 471.

CANOTILHO, José Joaquim Gomes. *Direito Constitucional.* 7. ed. Coimbra: Almedina, 2000. p. 393.

CAPEZ, Fernando. *Curso de processo penal.* 24. ed. São Paulo: Saraiva, 2017. p. 314.

CAVALIERI FILHO, Sergio; ALBINO, Luciano. *Sociologia geral e jurídica.* 11. ed. Rio de Janeiro: Forense, 2007. p. 75.

COSTA JÚNIOR, Paulo José. *Curso de Direito Penal.* 12. ed. São Paulo: Saraiva, 2011. p. 206.

DA PONTE, Antonio Carlos. *Crimes eleitorais.* 2. ed. São Paulo: Saraiva, 2017. p. 121.

DELMANTO JUNIOR, Roberto. *As modalidades de prisão provisória e seu prazo de duração.* São Paulo: Renovar, 2001. p. 191-192.

DELMANTO, Fabio Machado de Almeida. *Medidas substitutivas e alternativas à prisão cautelar.* Rio de Janeiro: Renovar, 2008. p. 293.

DI PIETRO, Maria Sylvia Zanella. *Direito administrativo.* 31. ed. São Paulo: Atlas, 2018. p. 719.

FELDENS, Luciano. *A constituição penal.* Porto Alegre: Livraria do Advogado, 2005. p. 193.

FERRAJOLI, Luigi. *Direito e razão: teoria do garantismo penal.* Tradução de Ana Paula Zomer Sica, Fauzi Hassan Choukr, Juarez Tavarez e Luiz Flavio Gomes. 4. ed. São Paulo: Revista dos Tribunais, 2014. p. 366, 509, 785.

FOUCAULT, Michel. *Vigiar e punir.* Tradução de Raquel Ramalhete. 37. ed. Rio de Janeiro: Vozes. 1997. p. 50.

FRAGOSO, Heleno Cláudio. *Lições de direito penal.* 16. ed. Rio de Janeiro: Forense, 2003. p. 32.

FREITAS, Gilberto Passos; FREITAS, Vladimir Passos. *Abuso de autoridade.* 9. ed. São Paulo: Revista dos Tribunais, 2001. p. 178.

GOMES, Luiz Flávio. *Comissão interamericana e as masmorras do Espírito Santo.* Disponível em: <http://jus.com.br/artigos/14897/comissao-interamericana-e-as-masmorras-do-espirito-santo>. Acesso em: 21/10/2013.

GRINOVER, Ada Pellegrini; GOMES FILHO, Antonio Magalhães; FERNANDES, Antonio Scarance. *As nulidades no processo penal.* 9. ed. São Paulo: Revista dos Tribunais, 2006. p. 314.

GUSMÃO, Paulo Dourado. *Introdução ao estudo do Direito.* 40. ed. Rio de Janeiro: Forense, 2008. p. 304-305.

ISHIDA, Valter Kenji. *Processo penal.* 6. ed. Salvador: JusPodivm, 2018. p. 310.

LIMA de, Renato Brasileiro. *Manual de Processo Penal.* 6. ed. Salvador: Juspodivm, 2018. p. 167.

LOPES JÚNIOR, Aury. *Prisões cautelares.* São Paulo: Saraiva, 2013. p. 93.

MACHADO, Antonio Cláudio da Costa, *Código de processo civil interpretado e anotado.* 2. ed. Barueri: Manole, 2008. p. 1346.

MACHADO, José Pedro, *Dicionário etimológico da língua portuguesa,* V. 1. 3. ed. Lisboa: L. Horizonte, 1977. p. 196.

MARCÃO, Renato. *Prisões cautelares, liberdade provisória e medidas cautelares restritivas.* São Paulo: Saraiva, 2012. p. 161.

MARQUES, José Frederico. *Elementos de Direito Processual Penal.* v. 4. São Paulo: Milennium, 2007. p. 11-12, 66.

MORAES, Alexandre de. *Direito Constitucional.* 34. ed. São Paulo: Atlas, 2018. p. 118.

NORONHA, Edgard Magalhães. *Direito penal.* v. 1. São Paulo: Saraiva, 1998. p. 225-226.

NUCCI, Guilherme de Souza. *Curso de Direito Processual Penal.* 15. ed. São Paulo: Forense, 2018. p. 1.022.

NUCCI, Guilherme de Souza. *Manual de Direito Penal.* 14.ed., São Paulo: Forense, 2018. p. 382.

NUCCI, Guilherme de Souza. *Prisão, medidas alternativas e liberdade.* 5. ed. São Paulo: Forense, 2017. p. 74, 93-94.

PRADO, Luiz Regis. *Curso de Direito Penal Brasileiro.* 12. ed. São Paulo: Revista dos Tribunais, 2012. p. 660-661.

QUIRINO, Arnaldo. *Prisão ilegal e responsabilidade civil do estado.* São Paulo: Atlas, 1999. p. 56-57.RE, Lucia. *Cárcel y globalización.* Buenos Aires: Ad-Hoc, 2008. p. 51.

ROXIN, Claus. *Estudos de direito penal.* Tradução de Luís Greco. Rio de Janeiro: Renovar, 2006. p. 17-18.

SHECARIA, Sérgio Salomão. *Criminologia.* 7. ed., São Paulo: Revista dos Tribunais, 2018. p. 25-26.

SILVA, José Afonso da. *Direito constitucional positivo.* 41. ed. São Paulo: Malheiros, 2018. p. 241.

VIEIRA, Ana Lúcia Menezes. *Processo penal e mídia.* São Paulo: Revista dos Tribunais, 2003. p. 17.

VIEIRA, João Alfredo Medeiros. *A prisão cautelar.* São Paulo: LEDIX, 2005. p. 14.

WACQUANT, Loïc. *As prisões da miséria.* 2. ed. Tradução de André Telles. Rio de Janeiro: Zahar, 2011. p. 9.

ZAFFARONI, Eugenio Raul. Zaffaroni. *Derecho penal: parte geral.* Buenos Aires: Ediar, 2000. p. 876.

ZANOIDE, Mauricio de Moraes. *Presunção de inocência.* Rio de Janeiro: Lumen Juris, 2010. p. 176-177.